国家社科基金一般项目"西北干旱区新型城镇化与生态安全耦合规律及协调发展研究"(项目编号：17BJL050)结项成果。

唐志强　王艳华　曹瑾　著

西北干旱区新型城镇化与生态安全协调发展研究

Research on Coordinated Development of New Urbanization and Ecological Security in Northwest Arid Region

中国社会科学出版社

图书在版编目（CIP）数据

西北干旱区新型城镇化与生态安全协调发展研究／唐志强等著.
—北京：中国社会科学出版社，2023.6
ISBN 978-7-5227-1897-2

Ⅰ.①西… Ⅱ.①唐… Ⅲ.①干旱区—城市化—研究—西北地区②干旱区—生态安全—协调发展—研究—西北地区 Ⅳ.①F299.274②X321.24

中国国家版本馆 CIP 数据核字（2023）第 085542 号

出 版 人	赵剑英
责任编辑	金　燕
责任校对	李　硕
责任印制	李寡寡

出　　版	中国社会科学出版社
社　　址	北京鼓楼西大街甲 158 号
邮　　编	100720
网　　址	http://www.csspw.cn
发 行 部	010-84083685
门 市 部	010-84029450
经　　销	新华书店及其他书店
印　　刷	北京明恒达印务有限公司
装　　订	廊坊市广阳区广增装订厂
版　　次	2023 年 6 月第 1 版
印　　次	2023 年 6 月第 1 次印刷
开　　本	710×1000　1/16
印　　张	13
字　　数	175 千字
定　　价	68.00 元

凡购买中国社会科学出版社图书，如有质量问题请与本社营销中心联系调换
电话：010-84083683
版权所有　侵权必究

目　录

第一章　前言 ……………………………………………………（ 1 ）
　　第一节　研究背景与意义 ………………………………………（ 2 ）
　　第二节　基本思路与资料来源 …………………………………（ 7 ）
　　第三节　研究内容与方法 ………………………………………（ 9 ）
　　第四节　研究区域概况 …………………………………………（ 12 ）

第二章　国内外相关研究的学术梳理及研究动态 ……………（ 16 ）
　　第一节　国内外相关研究的学术史梳理及研究动态 …………（ 16 ）
　　第二节　城镇化与生态环境关系研究发展历程 ………………（ 18 ）
　　第三节　城镇化与生态环境关系理论研究综述 ………………（ 22 ）
　　第四节　城镇化与生态环境关系实证研究综述 ………………（ 24 ）
　　第五节　研究总体评述 …………………………………………（ 30 ）

第三章　相关概念与理论基础 …………………………………（ 32 ）
　　第一节　基本概念的界定 ………………………………………（ 32 ）
　　第二节　城镇化的研究 …………………………………………（ 33 ）
　　第三节　生态环境的研究 ………………………………………（ 42 ）
　　第四节　城镇化与生态环境胁迫关系研究 ……………………（ 55 ）
　　第五节　研究评述 ………………………………………………（ 63 ）

第四章　河西走廊地区城镇化过程及其与生态环境的关系	（65）
第一节　河西走廊地区城镇化过程中生态环境的演变	（65）
第二节　河西走廊地区城镇化与生态环境的互动关系	（78）
第五章　西北干旱区新型城镇化质量综合评价	
——以河西走廊为例	（83）
第一节　评价指标体系的构建	（83）
第二节　新型城镇化综合指数确定	（93）
第六章　西北干旱区生态安全质量综合评价	
——以河西走廊为例	（111）
第一节　评价指标体系的构建	（112）
第二节　生态安全综合指数确定	（118）
第三节　生态安全测度结果分析	（118）
第七章　西北干旱区新型城镇化与生态安全协调关系	
——以河西走廊地区为例	（132）
第一节　协调关系研究方法	（132）
第二节　结果与分析	（134）
第八章　新型城镇化与生态安全协调发展的国际经验及借鉴	（147）
第一节　国外生态城市建设案例及经验分析	（147）
第二节　对中国西北干旱区新型城镇化与生态安全协调发展的启示	（157）
第九章　西北干旱区新型城镇化与生态安全协调发展建议	（163）
第一节　协调发展的思路与模式	（163）
第二节　经济层面实现城镇化与生态环境的协调发展	（170）
第三节　社会层面实现城镇化与生态环境的协调发展	（172）
第四节　功能层面新型城镇化与生态环境的协调发展	（175）
结　语	（183）
参考文献	（186）
后　记	（201）

第一章　前言

2021年2月28日国家统计局发布的《中华人民共和国2020年国民经济和社会发展统计公报》显示，2020年年末我国常住人口城镇化率超过60%。由上海交通大学城市科学研究院与北京交通大学中国城市研究中心联合发布的《2016—2020中国城镇化率增长预测报告》显示，2020年我国城镇化率将达到63%，未来五年城镇化持续发展的态势不会改变。改革开放40多年来，我国城镇化快速发展，但也付出了沉重的代价，如城市规模扩张、环境污染加剧、生态破坏严重等。而作为典型生态脆弱的西北干旱区是"丝绸之路经济带"的重要通道，在推进新型城镇化过程中这些矛盾和问题都不约而同地交织在一起。那么，西北干旱区新型城镇化与生态安全之间到底存在何种互动规律，如何在实践中推动和确保新型城镇化与生态安全协同发展，亟需在科学理论和规律把握方面进行研究。

自20世纪初期实施西部大开发战略以来，发展西北干旱区将成为我国加快西部不发达地区发展，实现区域发展均衡的重要战略，也将形成我国经济增长的新动力。从经济带的整体战略布局看，西北干旱区将是战略发展的重要组成部分，其发展路径将对经济带的发展前景有着举足轻重的影响。在现实发展路径而言，是选择发达地区的"先要金山银山不要绿水青山"，还是宁愿经济走慢点，坚持"绿水青山也是金山银山"，对这些地区是一个不小的考验。特别是，这些地区当前的经济发展水平和新型城镇化发展水平都较低，发展经济、快速推进城镇化是最为重要的发展举措。然而，这必然带来一个问题：如何协调新型城镇化与生态环境之间的关系。切实促进西北干旱区新型城镇化与生态安全的协调发展将是丝绸之路经济带能否取得预期发展目标的关键。因此，本书将西北干旱区的新型城镇化和生态安全两大问题并题研究，聚焦该区域新型城镇化和生态安全协调发展这一主题，分析其相互作用机理，实证研究两者的关系，以期给出符合实际、促进持续发展的对策建议。

第一节　研究背景与意义

一　研究背景

目前国内外关于人类活动对生态安全影响的研究开展已久，人类活动与生态环境的互动关系研究已成为当前国内外生态学等学科研究的热点问题。20世纪70年代以来，国际上针对重大的全球环境变化的研究已开展良多：人与生物圈计划（MAB），国际地圈、生物圈计划（IGBP），世界气候研究计划（WCRP）。

针对西北干旱区新型城镇化与生态安全协调发展的研究，国内的研究方法大多为宏观层次的LUCC变化分析，但是针对城市内部环境因子方面的问题还缺少微观层次上的系统性、整体性的研究。况且由于西北干旱区的生态环境的特殊性，城镇化对生态环境的扰动，导致生态环境脆弱敏感程度加深，环境景观体系发生异变。这就需要进一步地深入研究城镇化的波及范围，环境的响应反应机理、程度如何。在对已有文献梳理的基础上，站在交叉学科的角度，本研究应用经济学和生态学研究的相关理论和方法，阐明西北干旱区新型城镇化和生态安全的互动作用，重点探讨经济社会生态复合系统对新型城镇化格局和过程的响应关系。以期对西北干旱区的新型城镇化发展与生态安全变迁进行一定程度的量化研究，为该地区可持续高质量发展提供科学依据，并试图取得一定的突破。

第一，丝绸之路经济带步入具体建设期，西北干旱区是其中的重点建设区域。自2013年9月习近平主席提出共建"丝绸之路经济带"倡议，在经历从概念构想到务实推进和具体建设阶段的实践中，丝绸之路经济带的建设任务如何实现，在西北干旱区如何落实，中国尤其是西北干旱区需要探索新的经济增长点、构筑向西开放新格局、确保国家向西战略安全。因此西北干旱区必须利用好丝绸之路经济带建设的重大机遇，积极作为，以实现区域经济腾飞、提高新型城镇化水平、促进社会全面进步，也助力实现国家的战略意图。

第二，西北干旱区城镇化水平较低，现在已进入全面提高新型城镇化水平的关键发展期。城镇化是地区发展水平的重要尺度，也是经济发展、人口迁移、产业布局的重要载体。尤其相对落后地区，推进新型城镇化被视为推行经济政策的重要途径、是拉动内需并促进国民经济发展的重要驱动力。我国地区城镇化水平整体呈现东部向西部逐步递减的格局，这是目前我国城镇化水平的整体空间背景。如进一步考察西北干旱区的西部各省，可以发现城镇化水平尤为落后，不仅落后于东部发达省份，更是落后于全国平均水平。可以说，西北干旱区现在已进入提高新型城镇化水平的关键时期。

第三，我国现在已进入经济发展方式全面转型期，生态环境保护尤为重要。随着经济发展水平不断提升，生态安全问题日益突出，"低碳经济""绿色经济""节能经济"等新概念的不断涌现，也说明了生态环境的地位不断提升。国际上，气候框架协议和减排约束目标虽然暂时不具备法律效应，但是发展低碳经济已经成为世界各国的共识，如何在经济发展的同时保护生态环境，将成为评价发展质量的重要标准。

第四，我国经济发展进入经济发展、新型城镇化提升和生态安全协调发展的关键期。在我国经济运行步入新常态、改革全面深化期的时代背景下，西北干旱区的可持续发展是丝绸之路经济带战略发展的本质要求。西北干旱区属于我国经济比较落后的地区，全新的战略将进一步缩小地区经济发展的差异，提高整体发展质量。如何发挥后发优势这一全新增长点，促进城镇化与生态环境的协调发展将是战略能否顺利推进的关键所在；也是丝绸之路经济带发展战略顺利推进中首先要考虑和解决的问题。

二 研究意义

本书选取西北干旱区为研究对象，通过对该地区新型城镇化与生态安全的协调发展程度的测定，结合空间经济发展理论，对结果进行分析，并在全国层面对西北干旱区的新型城镇化发展、生态安全发展水平进行比较分析，以典型区域——甘肃河西走廊为个案，准确把握该地区新型城镇化与生态安全当前协调发展水平，并找出主要影响因素，以期为西北干旱区新型城镇化与生态环境建设的同步推进建言献策。同时寻找西北干旱区在新型城镇化过程中的生态环境问题，为西北干旱区的可持续发展提供一定的理论借鉴。具体来说，本研究有以下几方面意义：

（一）理论意义

第一，有助于进一步厘清新型城镇化与生态环境的相互影响关系和作用机理。本研究的核心部分第四、第五、第六、第七章都在研究新型城镇化与生态环境之间的关系，或进行理论解析，或进行水平评价，或运用实证分析，目的只有一个，就是从多个维度、采用多种方法，更加科学、全面、清晰地揭示新型城镇化与生态安全之间的关系，有助于进一步厘清和论证新型城镇化与生态安全之间的关系和相互影响机制。

第二，有助于丰富丝绸之路经济带建设和区域发展理论。从理论上看，丝绸之路经济带是区域发展理论和跨国区域经济合作理论的具体应用案例。这其中，还涉及很多具体理论问题，如落后地区实现经济起飞的环境和约束条件，不同体制国家和地区间的合作机制和模式，区域内和区域间"五化"协同发展的原理和可行性等。本书聚焦西北干旱区新型城镇化和生态环境协调发展问题，梳理与审视丝绸之路经济带建设的相关理论和实践问题，为丰富落后内陆地区在资源、生态、环境等硬性约束条件下推进城镇化、促进经济起飞和发展的相关理论做出贡献。

（二）现实意义

第一，有助于提升西北干旱区新型城镇化水平、改善生态安全，并促进两者协调发展。新型城镇化是当前和未来一段时期内的重要发展内容，尤其是生态安全较为脆弱的西北干旱区。在经济发展的起飞阶段，实现新型城镇化与生态环境的协调发展将尤为重要。在"一带一路"倡议大背景下，研究西北干旱区的新型城镇化与生态安全的协调发展对于推进西部大开发、建设丝绸之路经济带，推动我国经济转型、消化过剩产能、实施"走出去"战略意义重大，承载了我国正式走向经济强国的全新任务。因此，对这个地区的协调发展研究具有重大的现实意义。

第二，有助于为在经济落后、资源富集、生态脆弱地区提高新型城镇化水平探索出一条新路。一方面，我国西北干旱区能源和矿产资源禀赋优势明显，是全球油气资源探明储量最富集地区；也是全球有色金属矿产主产区和消费区。已有学者提出要将丝绸之路经济带打造成世界能源第三极（吴丰华、白永秀，2015）。另一方面，西北干旱区大多生态脆弱，加之人类活动的影响，部分地区已经出现了严重的沙漠化、草场退化、森林消失、淡水枯竭等生态安全问题。人类经济社会发展的长期实践经验表明，新型城镇化与生态安全之间的关系为相互依存、相互影响。研究西北干旱区新型城镇化与生态安全协调发展的立足点在于兼顾经济效益和环境效益，为破解在资源环境强约束下推进新型城镇化建设、进行区域开发和经济建设的困局探索路径和方法。

第三，有助于丝绸之路经济带建设进一步落到实处。由于丝绸之路经济带是一个整体战略，难以笼统地提出一个统一的发展战略，也无法机械地将政策照搬到每个具体区域。这就需要在落实丝绸之路经济带建设的进程中，针对不同区域与省份的具体情况，全面考虑经济发展水平、产业结构、资源禀赋状况，以及其在丝绸之路经济带建设中的空间位置、特色优势，与其他丝绸之路经济带沿线省份的分工协作、产业关联等多种因素，设计适应于特定省份和地区的政策。我国西部省份可将推进丝绸之路经济带建设落实在城镇化和生态环境协调发展的过程中。

第四，有助于为"五化"协同发展探索新的模式和路径。2015年3月，习近平总书记在中央政治局会议上提出"绿色化"，深化与提升了"新四化"的概念。从"四化"到"五化"，要如何实现？五化之间的关系，特别是新型工业化、城镇化、绿色化之间的关系如何协调？西北干旱区面临着实现"五化"中的新型工业化、信息化、农业现代化的发展重任，城镇化和生态环境协调发展本身就是"五化"中的城镇化和绿色化问题。所以，本研究有助于为我国西部摸索出一条"五化"协同发展的模式和路径。

高速的经济发展和城镇化进程对生态环境产生的胁迫作用日益突出，而发展中国家更是面临经济发展和环境保护的双重困境，这种困境在西北干旱地区表现的尤为突出。本研究通过揭示西北干旱区城镇化与生态环境之间的交互胁迫关系、胁迫效应及其发展演变规律，深化西北干旱区城镇化与生态环境建设相互关系的规律性认识。以期一方面为政府决策提供重要的理论依据，另一方面，对研究我国生态安全、促进西部经济社会可持续发展也具有十分重要的理论和现实意义。

综上所述，在西北干旱区城镇化的推进过程中，研究城镇化水平与生态环境的协调发展有着重要现实意义和理论意义，这也是问题提出的重要出发点和落脚点，本研究将围绕这个问题展开。

第二节 基本思路与资料来源

一 研究思路

在现实思考和文献阅读的基础上，本研究基于"具体—抽象—具体"的逻辑路径展开研究。开始的"具体"即西北干旱区的新型城镇化与生态安全的协调发展现状，中间的"抽象"即指将前面的现状运用理论体系进行归纳总结，最后的"具体"是针对前面的抽象总结提出具体的可行对策。

新型城镇化与生态安全的问题归根结底是发展的问题，新型城镇化与生态安全研究的进展由传统的以及经济理论的发展支撑并推动。因此，先梳理相关理论，界定核心概念和范畴，并以此作为研究的基础，随后根据提出问题—分析问题—解决问题的逻辑框架设置研究报告的整体结构。具体来说，首先提出新型城镇化与生态安全协调发展关系这一目标，要求在新型城镇化的过程中结合生态安全的因素。问题分析阶段综合采用了区域经济学、环境经济学、生态经济学、城市经济学以及计量经济学中协整关系的分析方法论，应用均衡经济理论思想求解供给与需求，认为如果新型城镇化与生态安全协调与互动是发展最优化的结果，那么影响新型城镇化与生态安全的因素可以归结为需求与供给两个方面。

具体来说，本研究思路如下：首先通过对西北干旱区现实的考察和对文献的梳理，构建本书研究的基础理论体系。在此基础上，结合地域特点构建西北干旱区的生态环境与经济协调发展的评价体系，并且重点分析这个区域生态环境与城镇化的相互作用，为接下来的研究提供现实落脚点。在评价体系的基础上，通过空间统计工具展开具体的分析，进而发现我国西北干旱区城镇化和生态环境协调发展的空间分布特征，在协调发展影响模型中引入空间变量来分析主要影响因素，找出促进西北干旱区城镇化和生态环境协调发展的关键所在,最后在借鉴国际经验的基础上提出相应的对策建议。

具体可见图1:

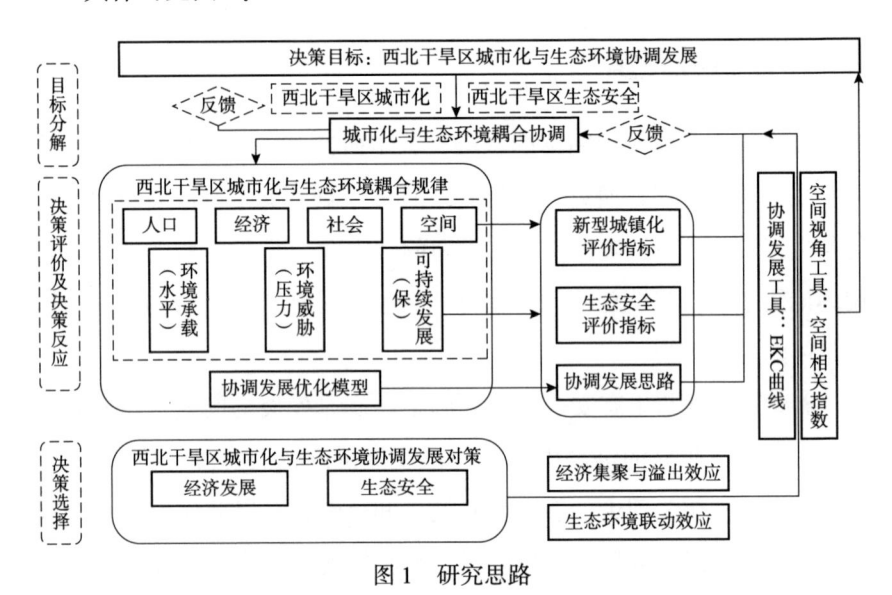

图 1 研究思路

如图1,可将思路决策路径分为目标分解、决策评价及决策反应、决策选择这三个层面。新型城镇化与生态安全的协调发展可以分解为新型城镇化与生态安全两个分系统的交互耦合协调发展,由此构建西北干旱区新型城镇化与生态安全耦合协调发展评价体系,在此基础上通过评价指标、方法和思路对协调发展产生反馈;从经济发展和生态安全两大目标提出西北干旱区协调发展对策,传导路径运用了经济集聚与溢出效应和生态环境联动效应来进行决策的选择,最终在现实路径上传导到新型城镇化与生态安全的协调发展。

二 数据来源和指标处理方法

本研究数据主要分成两类:城镇化数据和生态环境数据,大部分数据来自《中国历年统计年鉴》《中国历年城市统计年鉴》和《中国历年环境统计年鉴》等。

资料来源、文献资料主要包括中英文相关的学术著作，相关中英文的主要期刊发表的学术论文、报刊及网上相关报道等。主要来源于西北大学图书馆、河西学院图书馆、中国学术期刊网、国家科技文献中心。

统计资料主要包括各类统计年鉴、人口普查资料、环境公报、水资源公报。主要有《甘肃发展年鉴》和《甘肃城市年鉴》等。新型城镇化发展、水资源利用以及环境评价的背景分析主要采用相关地区的社会经济发展资料进行分析；典型区域河西走廊地区的研究主要采用甘肃省相关资料进行分析。

第三节 研究内容与方法

一 研究内容

本研究涉及两个研究主体：新型城镇化、生态安全；一个空间范围：西北干旱区及其典型区域——河西走廊；一对关联关系：新型城镇化与生态安全的关系。

（一）研究框架

第一章：研究设计。涵盖选题的背景与意义、研究思路与方法、创新点与不足、研究技术路线的设计以及资料来源等方面。点出主题，指明研究的切入点，并指出研究的基本思路和框架。

第二章：生态环境与城镇化的相关研究进展。城镇化的研究主要分析了城镇化的内涵、世界城镇化进程与中国城镇化的进程，并梳理、评述了城镇化的相关理论；生态环境的研究从内涵入手，评述了国内外经典理论，尤其是对近年来生态环境的相关研究成果做了述评；城镇化与生态环境的胁迫关系则是从国外和国内两方面评述了城镇化与生态环境胁迫关系的国内外研究状况。

第三章：相关概念与理论基础。分别对新型城镇化、生态安全以及新型城镇化与生态安全协调发展这些核心概念做出界定。

第四章：河西走廊新型城镇化过程及其与生态安全的关系。在详细介绍了河西走廊地区的自然环境和社会经济发展两个方面之后，笔者在查阅历史文档、现代文献的基础上，对不同时期的城镇化的发展历程及其与生态安全的演变做出了整理分析，最后分析了河西走廊地区新型城镇化与生态安全之间的相互胁迫、促进关系。

第五章：以河西走廊地区为例对西北干旱区新型城镇化质量进行综合评价。在对国内外新型城镇化水平测度指标和方法梳理之后，选取熵权法对河西走廊地区的新型城镇化质量做出评价。其结果是河西走廊地区五市的新型城镇化发展水平不均衡，金昌市的新型城镇化水平高于其他4个行政区，武威、张掖和酒泉三市属于城镇化水平中等地区，而嘉峪关的综合得分则是最低的。

第六章：以河西走廊地区为例对西北干旱区生态安全质量进行综合评价。根据PSR模型及其原理，综合分析河西走廊生态安全状况。主要通过掌握2010—2019年的生态环境的数据，对河西走廊地区新型城镇化进程中的生态安全状况做出了定量评价。其主要结论是，酒泉生态安全>武威生态安全>张掖生态安全>金昌生态安全>嘉峪关生态安全。

第七章：以河西走廊地区为例分析西北干旱区新型城镇化与生态安全耦合协调关系。在综合评价的基础上，分析了区内新型城镇化与生态安全的耦合协调度。研究表明，新型城镇化与生态安全之间的协调状态处于连续不断的变化之中，必须依据河西走廊不同地区新型城镇化与生态安全之间的耦合协调程度及各城市发展的优势与特点，分别选取适合自身发展的城镇化发展模式。

第八章：新型城镇化与生态安全协调发展的国际经验及借鉴。分别选取了德国、新加坡和巴西三个国外生态城市建设案例进行分析。借鉴国外生态城市发展建设经验，其成功的关键从宏观到中观再到微观的，具有明确长短期目标的城镇建设规划，并通过构建完善的法律与制度体系及落实机制,为生态城市建设提供有力保障。

第九章:西北干旱区新型城镇化与生态安全协调发展建议。首先提出协调发展的思路与模式,然后分别在经济层面、社会层面以及功能层面给出促进新型城镇化与生态安全协调发展相应的对策建议。

(二) 本书的研究重点和难点

1. 研究重点:西北干旱区新型城镇化与生态环境演变过程及其表现特征,其关键点在于通过研究新型城镇化与生态安全的交互耦合关系,揭示该区域二者的作用机理。

2. 研究难点:新型城镇化和生态安全在实践中至今仍是难以协调的。对于本研究所依据的成熟理论模型与分析对象主要来自国外,这些理论模型无法覆盖和解读我国西北干旱区新型城镇化发展中凸显的新问题。加上不同城市的生态基础及相应的政策设计有很大差异,其决策过程的合理性和视觉"盲点"相当复杂和多样。这对我们做出准确判读带来很大的障碍,有可能完全改变我们的判断结果。这需要在研究中格外关注,谨慎对待。

(三) 本研究的主要目标

1. 在理论上厘清西北干旱区城镇化发展和生态环境演进逻辑;2. 在理论上揭示新型城镇化与生态安全耦合协调机理;3. 以河西走廊等典型西北干旱区的实证经验为基础,概括和分析我国西北干旱区城镇化发展与生态安全保护的现行治理模式及其协调困境;4. 提出适合我国西北干旱区的新型城镇化与生态安全保护治理模式和对策建议。

二 研究方法

本研究采用定性、规范分析以及理论与实践相结合的方法。在资料获取上,采用文献调查、问卷调查、函询调查、实地调查等方法采集基础数据;在定量研究中,运用 SPSS、Eviews、Excel 等常用统计软件,对基础数据处理并进行回归、聚类以及因子分析;在定性研究中,应用生态经济学的研究范式，分析城镇化与生态环境之间的逻辑关系。总之，本研究通过将纵向研究与横向研究、定量分析与定性分析、个案分析与一般分析相结合，揭示西北干旱区城镇化与生态环境之间的交互胁迫关系、胁迫效应及其发展演变规律。

1. 多学科综合研究法。本研究涉及两个研究主体，一个空间范围，一对关联关系，研究具有一定的复杂性。鉴于此，本研究将综合运用区域经济学、人文地理等理论，同时借鉴生态学和区域空间规划的一些研究方法展开研究。

2. 系统分析方法。拟用系统分析方法，探究西北干旱区生态安全视域下新型城镇化的路径。其特点不是孤立看问题，而是用系统的思想去正视现实问题、远视未来发展。

3. 计量经济学分析方法。拟用计量经济分析方法探讨新型城镇化与生态安全的动态耦合特征和模拟互动机制，对多层级问卷调查的采录结果用 SPSS 软件作逐步回归分析，将定性的问题定量化，以分析各影响因子对新型城镇化过程中保障生态安全的影响程度，为耦合协调机制的构建提供数据支持。

4. 案例分析方法。重点剖析典型区域的典型案例，寻找可以复制、可以模仿、可以操作、可以持续发展的路径。

第四节 研究区域概况

一 西北干旱半干旱区自然地理概况

西北干旱半干旱区所覆盖的地貌单元主要有：第二级阶梯的内蒙古高原、塔里木盆地和准噶尔盆地等。其地理位置是 400 毫米等降水量线以西，昆仑山—阿尔金山—祁连山以北。典型特征是地广人稀，面积占全国陆地的 30%，人口却仅仅占全国的 4%。农业包括：草原牧场主要分布在东部温带，牧场大部分分布于西部山地，灌溉农业主要依靠河水、高山冰雪融水。

自然地理特点：（1）海拔较高且差别显著。既有海拔 3000 米以上的山脉，也有海拔在 250—500 米的内陆盆地；（2）位于亚欧大陆内部，夏季风对其造成的影响较小，从东部海面来的海洋湿润气流被山岭阻隔，气候干燥；（3）地区所拥有植被大部分为荒漠，一部分为草原。土壤大部分为荒漠植被和草原植被下发育的土壤，可溶性盐分含量较高；（4）大部分地区属内流区，河流径流小，径流多由暴雨形成的暂时性水流来补充；山地径流主要由雨水和冰雪融水补给。湖泊较多，但多为咸水湖；（5）相比于东部季风区季风的影响，人类活动造成的影响可忽略不计。在有水可供灌溉之处，形成了肥沃的绿洲；草原自古是牧场，若利用不合理，会造成荒漠化的扩展。

二 西北干旱区社会经济概况

面积约占全国总面积的四分之一的西北干旱区是我国西部大开发的关键区域。从行政区划来看，主要包括内蒙古和宁夏两区中西部地区、甘肃河西地区、青海柴达木盆地和新疆全境。该区域高山与盆地相间，自然环境表现为以极端干旱。自中华人民共和国成立以来，我国科学工作者对西北干旱区进行了多学科、多方位、多层面的研究，取得许多重大成果，并应用于实际生产中。然而，关于西北干旱区综合生态安全，尤其是这一地区的生态—生产方式较为落后。本书从生态资源合理利用的角度出发，结合社会经济发展的特点，对该地区进行生态安全与新型城镇化协调发展的研究，尝试发展独特的干旱区生态区划、生态分类的方法和理论体系，并在此基础上建立新型城镇化的方案和生态—生产范式，进一步运用这些方法、规律和范式来指导当地的新型城镇化发展和生态环境建设，促进当地的资源有效配置，实现西北干旱区的可持续发展。

三 甘肃河西走廊地区概况

甘肃河西走廊处于西北干旱区和青藏高原边缘，位于甘肃省西北部，东起乌鞘岭，西至玉门关，介于 37°17′—42°48′N，92°12′—103°48′E 之间，海拔在 1000—1500 米，东西长约 1000 千米。地形从西北至东南走向呈狭长地带，又因位于黄河以西，所以被称为河西走廊。因南北两面山体起伏、中间绿洲广布，这样的地理特点造就了其成为一条贯通东西、带动南北两翼的交通要道。在行政区划上包括武威、张掖、酒泉、嘉峪关、金昌五个地级市，总人口在 2020 年约 500 万人，总面积达 28 万多平方千米。

甘肃省矿产资源丰富，有色金属资源 60%—70% 都分布在河西。河西走廊地区矿产资源种类多、分布广泛、储量丰富。具体而言，金昌已探明的矿种达 41 种，其中镍矿储量丰富，居全国首位、世界第二，被誉为"镍都"；张掖已探明的矿产资源有 33 种，其中钨矿和煤炭资源储量分别达 34 万吨和 43559.9 万吨，开发前景广阔；嘉峪关已探明的矿产资源有 21 种，其中的优势矿产为铁、锰、铜、金芒硝等；酒泉的矿藏种类多、品质高、储量大，其中塔尔沟钨矿储量居亚洲第一、铬矿和石棉储量均居全国第三，境内还有全国最早开发的石油工业基地。

然而，由于近年来人类过度开发和利用，该地区生态环境十分脆弱，尤其是水资源的匮乏，成为制约经济持续发展的主要限制因素。河西走廊面临的问题主要有土地盐碱化和荒漠化、河水流量的减少、湖泊的萎缩干涸和植被的退化等。与此同时，由于本区水资源潜力相比土地资源潜力较弱且水资源分布不均衡，加之经过多年新型城镇化的推进，近年来水土资源不合理的开采活动，河西走廊人口剧增，水土资源压力加大，打破了河西走廊原有的人口、水、土、社会经济发展之间的良性循环，生态环境日益脆弱，限制了河西走廊的持续高质量发展。

第一章 前言

城镇是伴随着社会分工的发展和国家的出现而出现的。一个地区的自然条件和社会经济条件的发展对城镇发展过程产生影响，而城镇的发展反过来也会影响、制约该地区的自然条件和社会经济环境。因此，研究城镇形成、发展的影响因素、发展演变规律及其与生态环境之间的关系，对于经济发展、城镇体系规划布局、生态环境的保护和可持续发展都有重要意义。

第二章　国内外相关研究的学术梳理及研究动态

第一节　国内外相关研究的学术史梳理及研究动态

发达国家的工业化和城镇化进程始于19世纪，工业化和城镇化的快速推进改变着城市及其生态环境的面貌，环境污染和生态破坏问题日益凸显。一系列环境污染事件的爆发不仅给人类敲响了警钟，也使得城镇化与生态环境的关系成为包括生态学、环境科学、经济学、地理学、社会学等多个学科关注的重点问题。在早期的经济学研究中，城镇化与生态环境往往是在研究经济增长问题中作为附属因素被单独考察的，对于二者关系的探讨并不多见。但随着城镇化所导致的生态环境问题日益严峻和环境经济学的兴起，经济学者们开始吸收其他学科的研究方法，将城市、经济、环境作为一个系统。如今，有关城镇化与生态环境关系的研究已走过思想萌芽阶段和理论开展阶段，正处于多元化发展及深化阶段。当前，中国正处于加速城镇化阶段，这为研究城镇化与生态环境关系的问题提供了现实根基和丰富的素材。国内学者也对相关问题开展了深入研究，这为我们研究丝绸之路经济带国内段城镇化与生态环境协调发展问题提供了重要借鉴。本章将对国

第二章 国内外相关研究的学术梳理及研究动态

内外学术界关于城镇化与生态环境关系的相关研究文献进行梳理，并作简要述评。

一 国外相关研究的学术史梳理及研究动态

国外主要分为以下三个阶段开展相关研究：(1) 理论萌芽阶段（第一次工业革命至20世纪三四十年代）。Howard（1898）较为系统地提出了"田园城市"理论；Geddes（1915）以社会学的视角研究城镇化与生态环境之间的关系。(2) 理论展开阶段（第二次世界大战结束至20世纪90年代）。Carson（1962）《寂静的春天》在美国问世，相关研究推动了生态环境保护运动。(3) 多元化研究阶段（20世纪90年代至今）。相关研究体现出跨学科的特点，最大特点在于通过各种数理统计方法验证理论假说。第一类研究以 Grossman & Krueger（1995）为起点，围绕验证环境库兹涅茨曲线展开。此后，许多学者沿着这一方向试图验证城镇化对生态环境质量的影响。例如，Selden & Song（1994）将 SO_2、CO_2、NO_2、SPM 作为环境污染的指标，发现倒"U"形关系。第二类研究主要是由地理学者和生态学者构成，将物理学中的"耦合"概念引入城镇化与生态安全问题的分析中，认为城镇化与生态安全之间存在耦合关系，这种耦合关系由城镇化与生态环境两个系统间的交互作用机制构成（Varis & Jussila, 2002; Henderson, 2003; Sato & Yamamoto, 2005）。

二 国内相关研究的学术史梳理及研究动态

我国城镇化与生态安全耦合关系的研究起步较晚，总体上经历了从对城镇化与生态安全的分隔研究，转向对城镇化与生态安全的交互关系的整合研究。(1) 协调发展理论建立阶段（20世纪80年代以前）。我国首次生态经济座谈会是学者许涤新在1980年发起的，此次座谈会揭开了中国创建生态经济学的序幕。1982年举办的我国首届生态经济科学讨论会上开启了跨学科探讨生态环境与经济协调发展的新征程。1984年生态学家马世骏提出社会—经济—自然复合生态系统（SENCE-Social-Economic-Natural Complex Ecosystem）。其后，从不同方面为发展和深化城市生态学的理论做出贡献的学者有王如松、杨邦杰、欧阳志云等。我国著名地理学家吴传钧（1984）提出协调好经济发展和自然环境的关系、协调好人地关系是当前迫切的问题。黄光宇等（1993）人综合研究社会—经济—自然复合生态系统，提出了生态城市理论。(2) 多元化研究阶段（20世纪90年代）。从1992年开始，研究进入系统学方向新阶段。《中国21世纪初可持续发展行动纲领》等重要文件相继发布，城镇化向高级阶段演进的内在要求是生态安全，城镇化与生态环境协调系统的作用机理、相关因子、评价模型、评价指标体系等成为研究的重要内容。如黄光宇、黄耀志等（1993）对生态城市和健康城市的研究，奠定了我国城镇化与生态安全可持续发展的系统学研究方向。(3) 城镇化与生态环境互动研究阶段（21世纪以来）。代表学者是方创琳、乔标、刘耀彬等。方创琳等（2013）研究认为城镇化与城市生态环境之间存在着开放的、非平衡的、动态的、客观的、呈现非线性相互作用和自组织能力的耦合关系。乔标（2005）等运用系统科学理论构建了城镇化与城市生态安全之间的动态交互响应模型。刘耀彬等（2011）指出生态安全对城镇化的制约来源于两个方面：一是制约城市选址；二是城市污染引起的健康损失对城镇化的约束。现有研究，学者们从不同地域层面进行探讨，既有省域层面的（宋建波，2010；覃成林，2013），也有市域、县域层面的（王新杰，2009；孜比布拉·司马义等，2014；王兆锋，2010）。

第二节 城镇化与生态环境关系研究发展历程

一 国外相关研究的历史进程

城镇化与生态环境关系的理论发源于国外学者的研究，通过回顾

第二章 国内外相关研究的学术梳理及研究动态

国外学者的相关研究历程，我们认为可以将该理论的发展划分为三个阶段。

第一次工业革命加速了西欧国家城市经济的发展，煤炭、钢铁、纺织等构成了当时城市工业的主体结构，吸引了大量人口向城市集聚。在这种较粗放的工业发展模式下，城市的自然生态环境随之发生巨大变化，环境污染问题开始显现，由此引发了学者们对城镇化与生态环境关系的思考，提出了一些朴素的思想，这成为后来城镇化与生态环境理论的萌芽。这些思想最早是由城市规划学家和生态学家以及社会学家提出来的。英国城市规划学者 Howard 于 1898 年在其专著《明天的田园城市》中，较为系统地论述了"田园城市"理论，强调城市建设和发展中科学规划的重要性，特别指出要重视城市绿化。"田园城市"思想对后来城市规划理论、城市与生态环境协调发展理论产生了重要影响。以 Geddes 于 1904 年和 1915 年先后出版的《城市开发》和《进化中的城市》两本著作为代表，标志着城镇化与生态环境关系这一问题进入了社会学家的研究范围。从第一次工业革命至 20 世纪三四十年代，城镇化和生态环境关系逐渐成为国外各学科关注的问题。

第二次世界大战结束至 20 世纪 90 年代，发达国家经历了战后恢复发展阶段，城镇化逐渐趋于成熟，而新生发展中国家工业处于起步发展阶段。同样，城镇化与生态环境关系理论处于理论展开阶段。1962 年，美国生物学家 Carson 的著作《寂静的春天》在美国问世，首次展现了经济发展所致的环境破坏问题以及对于人类生存环境的预言，深深震惊了社会大众，使环境保护这一概念成为科学研究和社会意识的重要内容，也掀起了随后的环境保护运动。以此为代表，城镇化与生态环境关系的理论进入了理论展开阶段。

值得注意的是，这一时期的许多理论发展体现在各国政府以及国际组织的实践成果中。1971 年，联合国教科文组织开展了一项研究计划，旨在在全球范围内研究人类活动与生态环境协调发展的问题。此后，该领域的研究在世界官方和民间学术组织间广泛开展。1972年，罗马俱乐部的《增长的极限》预言未来人类发展将不可避免地面临全球性的资源环境约束问题。同年，Goldsmith的《生存的蓝图》以经济发展对未来生存环境威胁的严肃思考出发，倡议科学家开展生态经济学研究，号召各国政府变革工业发展方式，建立生态平衡的社会。1987年《我们共同的未来》首次提出可持续发展概念，指出人类面临的环境、资源、发展危机不能分割，地球的资源能源远不能满足人类发展需求，为了下一代人的利益必须改变发展模式。这份报告突破了之前单纯考虑环境保护的局限，把人类社会发展与自然生态环境切实结合起来，指出了生态环境对下一代人生存发展的压力，是对发展和生态环境思想的一次飞跃。受其影响，1992年联合国环境与发展大会通过了《21世纪议程》，提出了人类在经济发展、环境保护、资源合理利用和可持续发展等问题上的行动方案。由此可见，国际组织和民间团体在这一阶段城镇化与生态环境关系理论的发展中扮演了重要角色，并且，在它们的推动下，城镇化与生态环境的协调可持续发展在实践中也取得了进展。

20世纪90年代至今，城镇化与生态环境关系理论进入了多元化发展阶段，不同学科的学者们进行了深入研究和探索，相关研究体现出跨学科的特点。与前两个发展阶段相比，这一阶段的最大特点在于通过各种数理统计方法验证理论假说，把已有理论深化、细化。

第一类研究以 Grossman & Krueger（1995）的文章为起点，围绕验证环境库兹涅茨曲线展开。这类文献试图总结出经济增长与环境质量的总体关系及其变化规律。Grossman & Krueger（1995）首次对环境质量和人均收入的关系进行了实证研究。他们原本是要检验北美自由贸易协定对环境的影响，而计量结果发现，环境污染与经济增长满足这样的关系：在经济增长的初期阶段，环境污染会随人均收入上升而恶化，而随经济继续增长，环境污染会得到改善，这种关系曲线后来被称为"环境库兹涅茨曲线"。显然，这是经济增长与环境质量关系在理论上的一次重要发展。此后,许多学者沿着这一方向试图验证经济发展中城镇化对环境质量的影响。例如,Selden & Song（1994）发现四种污染物排放情况与人均收入之间都存在倒"U"形关系。

第二类研究主要是由地理学者和生态学者们完成的。学者们将物理学中用于量度两个实体相互依赖于对方的概念"耦合"引入城镇化与生态环境关系问题的分析中。研究认为城镇化与生态环境之间存在耦合关系,即城镇化对生态环境的胁迫效应和生态环境对城镇化的约束效应（Varis & Jussila, 2002; Henderson, 2003; Sato & Yamamo-to, 2005）。

二 国内相关研究的历史进程

我国城镇化与生态环境协调发展的研究起步比较晚,早期主要关注生态环境,从城市生态环境保护角度展开。随着研究的深入逐步过渡到生态环境与城镇化发展两个系统的融合,并形成较为成熟的理论体系,具体而言可以分为协调发展理论建立阶段、多元化阶段和耦合协调机制阶段。

更多学者开始关注环境与其他领域的交互式影响。涂正革（2008）认为全面协调、均衡发展才能真正解决环境问题。吴玉鸣、田斌（2012）基于扩展的传统环境库兹涅茨曲线（EKC）对 2008 年中国 28 个省域截面数据分析省域环境污染的空间相关性,研究发现我国省域环境污染存在明显空间依赖性和空间溢出效应,并且发现省域环境污染和人均 GDP 呈现"倒 U"形,在 U 形左侧人均收入越高环境污染越严重,而上海则率先跨过这个拐点,其人均收入的提高与环境保护较为协调。现有文献关于环境的定义更多的还是从生态环境角度,通过碳排放量（或者污染物排放）与经济增长的关系来进行研究。

现有地区经济与环境协调发展研究,学者从不同地域层面进行探讨,既有省域层面的协调发展（覃成林,2013;李勇,2006）,也有市域、县域层面（关伟,2012;王辉,2010;王兆锋,2010）的协调发展。可以说，经济与环境的协调发展是地区发展自上而下的内在属性要求。在现有文献研究中，覃成林，郑云峰等（2013）将全国划分为四大区域，基于 31 个省市 2000—2010 年的数据研究区域经济协调发展的趋势及特征。关伟等（2011）选择辽宁沿海经济带为研究对象，通过构建协调发展度模型研究地区协调发展的时空演变。何宜庆、翁异静（2012）通过指标体系的构建测度鄱阳湖地区 6 个城市的环境与经济协调发展水平，他们发现 6 个地市的协调发展水平存在着较大差异。经济与环境协调发展的体制分析也是现有文献研究的一大热点，发展机制是区域协调发展的支撑。研究经济与环境协调发展必须借助于协调发展指标体系的构建这个重要工具，也是学者研究的重点。刘育红（2012）建立了考虑了交通基础设施的空间溢出效应、区域差距等因素的多维变量计量模型，实证检验各变量对经济增长的作用，提供了新的分析思路。中国科学院地理科学与资源研究所课题组（2014）根据国际地缘关系和国际地域分工格局，认为当前丝绸之路经济带具有动态发展的阶段性特点：包括"两轴、两带和两个辐射区"，进行了丝绸之路经济带可持续发展模式探析。

第三节　城镇化与生态环境关系理论研究综述

通过对城镇化与生态环境关系理论发展的回顾，可以看出，已有研究总体上经历了从对城镇化与生态环境的分隔研究，转向对二者交互关系和协调发展研究。

一　城镇化与生态环境交互耦合理论

城镇化通常被认为包括人口增长、经济发展、空间扩张、生活提高四层内涵（黄金川、方创琳，2003），生态环境则由水、空气、土地、能源、其他生物五个要素组成（王孟本，2003）。由此，城镇化与生态环境的耦合关系便可表达为城镇化的四方面内涵与生态环境的五

第二章 国内外相关研究的学术梳理及研究动态

要素间所存在的各种非线性关系之总和（Haughton, et al.）。

城镇化与生态环境的交互耦合关系体现在两个方面（黄金川、方创琳，2003；刘耀彬等，2005；乔标、方创琳，2005）。一方面，城镇化对生态环境的胁迫效应。乔标、方创琳（2005）认为这种胁迫效应源于城市人口的集中、城市用地的扩张、经济结构的优化、城市文明的扩散四个方面。刘耀彬等（2005）认为城镇化引发的生态环境问题具有综合性、阶段性的特点。综合性体现在城镇化引发的生态环境问题可能意味着整个生态系统结构的变化和功能丧失（王如松，1994）；阶段性体现在城镇化的不同发展阶段下，所导致的生态环境问题具有差异和相应的阶段性特点（Pearce & Turner, 1989）。另一方面，生态环境对城镇化的约束效应。黄金川、方创琳（2003）总结了生态环境恶化对城镇化约束效应的六种表现：降低居住舒适度、降低投资环境竞争力、干预企业选址、降低生态环境要素的支撑能力、环境污染所致的灾害事件以及为减轻污染而牺牲经济增速。刘耀彬等（2005）指出生态环境对城镇化的制约来源于两个方面：一是制约城市选址，二是城市污染引起的健康损失对城镇化的约束。乔标、方创琳（2005）将生态环境对城镇化的约束效应重新归纳为土壤环境约束、生物环境约束、水环境约束和大气环境约束。关于城镇化与生态环境交互耦合的时序规律，黄金川、方创琳（2003）首次提出城镇化的起飞阶段、加速阶段、完成阶段对应着交互耦合过程的低水平协调阶段、拮抗阶段、磨合阶段和高水平协调阶段。

在已有研究的基础上，方创琳、杨玉梅（2006）根据耗散结构理论和生态需要定律理论，进一步提出了对城镇化与生态环境交互耦合理论的六大基本定律，并系统地阐述了每一条基本定律的含义。这一进展使得城镇化与生态环境的交互耦合关系更具理论指导意义。

除上述一般性理论外，国内学者还对干旱区城镇化与生态环境交互耦合关系的特殊性进行了探讨。乔标等（2006）指出干旱区城镇化与生态环境的耦合函数满足双指数函数，耦合轨迹为双指数曲线，存在9种耦合类型，耦合过程可分为5个演化阶段。

二 城镇化与生态环境的协调发展机制

陈晓红等（2009）提出要素的技术进步、集聚与扩散、产业结构调整与升级、制度与制度创新、人口素质提高与城市文明传播等五种机制是城镇化和生态环境协调发展的作用机制，五种机制相互关联，共同促进城镇化和生态环境的协调发展。

陈晓红、万鲁河（2013）进一步指出对城镇化和生态环境耦合系统而言，脆弱性是固有的特点，协调性是基础和发展方向。自然条件与人居环境、产业升级与技术进步、人口素质与城市文明、制度创新和管理科学、系统自身的恢复力既影响城镇化和生态环境的脆弱性，城镇化和生态环境的协调性也受到影响。建立城镇化和生态环境耦合系统的脆弱性和协调性作用机制是降低耦合系统脆弱性和实现城镇化和生态环境协调发展的关键。

第四节 城镇化与生态环境关系实证研究综述

一 城镇化与生态环境交互耦合关系的实证分析

在城镇化与生态环境关系的实证分析中，大量文献集中于对城镇化与生态环境交互耦合关系的实证分析上。这些文献可划分为三类问题：一是生态环境对城镇化约束效应的实证分析；二是城镇化对生态环境胁迫效应的实证分析；三是城镇化与生态环境耦合度的实证分析。

（一）城镇化对生态环境胁迫效应的实证分析

国内学者在对城镇化对生态环境胁迫效应的实证研究中，既有对处于城镇化成熟阶段的东部地区的研究，也关注了城镇化较为滞后且生态环境更为脆弱的西部地区。方创琳（2005）对1985—2003年河西走廊地区城镇化对生态环境的胁迫效应进行了实证分析。文章选取了

4个指标合成城镇化综合指数，即：人口城镇化、经济城镇化、空间城镇化以及社会城镇化；而生态环境综合指数由资源条件要素、生态条件要素、生态压力要素以及生态威胁要素4个指标所合成。结果发现，河西走廊地区的生态环境质量随着城镇化进程的加快而下降，即说明城镇化对生态环境存在着胁迫效应。但是，他们指出这种胁迫效应在一定程度上存在滞后性，即生态环境的变化滞后于城镇化的发展。

与方创琳（2005）采取的方法不同，王长建等（2014）采用熵值法、格兰杰因果检验、VAR脉冲响应等计量方法对1995—2011年乌鲁木齐的城镇化对其生态环境的影响进行了测度，并且还对二者之间的关系进行了动态计量分析。文章以4个子系统来描述城镇化水平，即：人口城镇化、经济城镇化、空间城镇化和社会城镇化；以生态环境压力、生态环境状况和生态环境响应3个子系统来描述生态环境质量。研究发现，在1995—2011年，乌鲁木齐市的城镇化对生态环境有较大的影响，体现在城镇化导致了生态环境的恶化，胁迫效应显著，而生态环境对城镇化几乎不存在影响。但从长期预测结果来看，随着城镇化的不断发展，规模效应和技术效应将对生态环境的改善发挥更大作用。

在对东部城镇化成熟阶段地区的研究中，赵宏林、陈东辉（2008）以上海市浦东区为例，通过采用耦合模型，验证了1997—2006年浦东城镇化对生态环境变化的胁迫效应。文章选取了城镇人口、非农产业人口等18项指标来衡量城镇化水平，选取人均耕地面积、单位面积粮食产量等12项指标衡量生态环境状况。该研究结果表明，浦东区域城镇化对生态环境的胁迫作用主要反映在人口增长与迁移、经济扩张和土地面积扩展三个方面。更进一步研究发现，第三产业占比、人口密度和煤气液化气普及率这三个城镇化指标对生态环境的状况影响最为强烈。

（二）生态环境对城镇化约束效应的实证分析

约束效应是生态环境对城镇化交互耦合关系的另一方面重要内容，现有文献对此效应进行了验证。赵宏林（2008）对上海浦东区的研究中，同时还对生态环境对城镇化的约束效应进行了检验。结果发现，生态环境对城镇化进程存在着明显的约束作用，其关联度高达0.68。其中，在选取的描述生态环境的18项指标中，生态环境压力指标、生态环境保护指标与城镇化的关联度最高；建成区绿地覆盖率、工业废水排放达标率和工业固体废物综合利用率对城镇化的约束效应最为显著。

水资源是生态环境概念中最重要的内容之一，水资源是干旱区可持续发展的根本所在。干旱区城镇化与生态环境的关系一直是国内学者尤其是西部地区学者关注的焦点问题。唐志强等（2014）的研究以西北干旱区中的张掖市为例，通过建立动态耦合模型，运用耦合双指数函数和耦合双指数轨迹，重点分析了黑河流域水资源对城镇化格局和发展过程的约束效应。分析结果表明，在1999—2011年，水资源的匮乏现象日益严重，水资源的合理利用是约束城镇化的主要因素。

（三）城镇化与生态环境耦合度阶段性的实证分析

城镇化与生态环境交互耦合关系得到了验证（方创琳，2006；赵宏林、陈东辉，2008；王长建等，2014；唐志强，2014），更深入的研究体现在对交互耦合度阶段性的判别划分，以及规律总结上。区域经济发展水平的演进决定了城镇化与生态环境耦合度呈现出阶段性特征。通过对不同地区耦合度阶段性的实证分析，总结出一般性理论具有重要的理论和现实意义，即城镇化与生态环境耦合度阶段的划分理论。刘耀彬等（2005）采用灰色关联度分析方法，试图找出影响1985—2003年中国省域范围内城镇化与生态系统耦合程度最重要的因素，并从时间和空间的双重角度分析了二者耦合程度在我国不同区域间的发展变化规律。研究结果表明,第一,1985—2003年我国城镇化对生态环境的胁迫效应和生态环境对城镇化的约束效应都存在;第二,从时间角度来看,1985—2003年我国城镇化和生态环境耦合度呈现出明显的阶段性和波动性特征;第三,从空间角度来看,我国不同区域间城镇化和生态环境耦合度存在显著差异,根据耦合度水平高低可将全国各区域划分为协调型耦合、磨合型耦合、拮抗型耦合以及低水平型耦合四种类型。

宋学锋、刘耀彬(2006)通过模型研究发现,江苏省正处于城镇化与经济加速发展的时期,同时省内各区域间存在显著差异,苏南、苏中和苏北三个地区呈现出不同的耦合发展模式,苏南为社会城镇化发展模式、苏中为人口城镇化发展模式,而苏北综合兼顾了这两种模式的特点,以便更好地实现城镇化与生态环境协调可持续发展的目标。文章对未来15年江苏省城镇化与生态环境的耦合状况进行不同情境的模拟,分别模拟了自然发展型、经济城镇化发展型、人口城镇化发展型、空间城镇化发展型和城市社会发展型5种情形。模拟结果发现,5种耦合发展方式各有其优势和不足。

王少剑等(2014)对我国最具经济活力的京津冀地区的城镇化与生态环境耦合关系进行了研究。通过建立城镇化与生态环境动态耦合协调模型,构建城镇化指数和生态环境指数对1980—2011年城镇化与生态环境的耦合过程和发展演变趋势进行分析。研究结果表明,在1980—2011年,京津冀地区城镇化水平一直处于上升状态,生态环境质量表现为波动上升的状态,城镇化与生态环境耦合度呈现出先下降后上升的趋势,大致为S形曲线。进一步,文章分4个阶段论述了不同时期城镇化与生态环境耦合状况的特征:1980—1985年,城镇化与生态环境协调程度下降,城镇化发展受阻阶段;1985—2002年,二者耦合程度增加,城镇化处于基本协调阶段;2003—2008年,耦合程度进一步增加,但出现了生态滞后的情形;2008—2011年,由于城镇化水平持续提高而生态环境出现波动,城镇化与生态环境的耦合协调程度趋于平缓，保持在较高耦合程度但生态环境响应滞后的阶段。

张荣天、焦华富（2015）运用主成分分析法和耦合协调模型，对2000—2012年我国各省城镇化和生态环境耦合程度的演变规律进行分析。研究结果表明，一方面，从时间序列来看，在2000—2012年，我国各省的城镇化和生态环境耦合程度大致处于磨合阶段，耦合程度不断上升。另一方面，从空间层面来看，我国各区域间存在明显的耦合程度差异，东部地区的耦合程度高于西部地区。此外，文章还将我国不同地区的耦合程度分为四类，第一类为经济发展方式粗放，对生态环境破坏较大的低耦合协调区，以甘肃、青海、西藏和内蒙古地区最为典型；第二类为以四川、云南、陕西、黑龙江、吉林等省市为代表的中度耦合协调区；第三类为大致已经形成城镇化和生态环境良性循环发展的高度耦合协调区，代表性区域为浙江、江苏、山东等省；第四类为以上海、北京、天津为代表的极度耦合协调区，城镇化与生态环境能够实现长期可持续协调发展。

二 城镇化与生态环境协调发展水平的测度

在城镇化与生态环境关系的实证研究中，对二者协调发展水平的测度也是国内学者关注的方向。刘耀彬等（2005）运用城镇化和生态环境协调度模型对二者之间的关系规律进行了研究，发现在城镇化的不同阶段中，生态环境与其和谐搭配的关系体现在不同的时间和空间层面上。他们选取2004年江苏省相关指标为样本进行了实证研究。根据不同地区城镇化和生态环境的协调发展状况，将江苏省各行政区划分为良好协调型、中等协调型、勉强协调性和失调型四种类型。

王新杰、薛东前（2009）分析了1996—2006年西安城镇化和生态环境协调发展水平。二人首先运用德尔菲法和加权方法得到相关指标的综合得分，然后结合静态指数和动态指数对西安的城镇化和生态环境发展模式进行分析。结果表明，在1996—2006年，西安的城镇化和生态环境协调水平处于基本协调状态，但可以预期随着西安城镇化进程的加快，日后对于生态环境的需求会逐渐增加，生态环境压力也将增大。

宋建波、武春友（2010）测度了2008年长三角地区城市群与生态环境协调发展水平。他们在研究方法上取得了突破，选用将主观的层次分析法和客观的熵值法相结合的综合权重分析法，对城镇化与生态环境协调发展水平进行评价。实证结果表明，从总体来看，长三角城市群的城镇化水平滞后于生态环境发展水平，但是城市群内16个地区城镇化与生态环境协调状况差异较大。根据指数计算结果，可以大致将16个地区的协调发展水平区分为良好协调型、中度协调发展型、勉强协调型、中度失调衰退型以及严重失调衰退型5种类型。

与国内大多数城市不同的是，东北地区的城镇化历程是特定历史时期下重工业优先发展战略的产物。因此，其城镇化与生态环境的关系也可能有其特殊性。陈晓红、万鲁河（2013）以东北老工业基地为样本，考察其城镇化与生态环境协调发展水平。文章选取生态环境水平、生态层次压力以及生态环境保护3个层次的11指标衡量生态环境，选取人口、经济、社会和空间4个层次的19个指标对城镇化进程进行衡量。评价结果显示，东北地区城镇化与生态环境协调发展程度还处于由低水平向高水平发展的阶段，生态反应较为滞后。

孜比布拉·司马义等（2011）采用层次分析法（HLM）测算了1997—2008年新疆阿克苏地区城镇化和生态环境的协调发展水平。从人口、经济和社会三个层面构建城镇化指标，从生态环境状态、生态环境压力、生态环境建设3个层面构建生态环境指标。文章的实证结果发现，第一，自1997年至今，阿克苏地区的城镇化水平不断提高，但生态环境水平却经历着波动变化，呈现出先上升再下降的趋势；第二，目前阿克苏地区的生态环境处于不安全状态，生态环境脆弱且易遭受破坏，在经济发展过程中如何保护生态环境将是未来发展需要解决的难点问题。

第五节 研究总体评述

总体来看，该领域的研究成果呈现出跨学科、综合性等特征。由于历史原因，国外相对我国较早地完成了城镇化进程，因而其相关理论和方法也较为成熟。毫无疑问，城镇化将是我国下一阶段的重点任务。但我们要清楚地认识到中国城镇化面临着重重困难：既要彻底改革阻碍城镇化的不合理的城乡二元制度安排，又要加快产业升级，加快转变经济增长方式，还需要处理好加快推进城镇化与生态环境协调发展的关系。在这样的背景下，还有很多理论问题有待于学者们深入探究。国内学者对城镇化与生态环境关系这一理论问题仍存在以下三方面不足：

第一，针对城镇化地区生态环境中的单一维度分析较多。如仅针对生态环境中的土地利用、环境污染、水资源等单一因素分析其与城镇化的关系。而将城镇化与生态环境进行系统性、多维度的整体研究较为缺乏。

第二，已有实证研究所选取的对象多以长三角、珠三角、京津冀等发达地区为主。这些地区城镇化进程快于西部地区，其经济、社会、生态条件与西部地区差异明显。显然，对已完成城镇化进程地区的检验和分析所得出的结论，很难指导正处于加速城镇化进程中的西部城市。目前，国内还没有针对丝绸之路经济带国内段城镇化与生态环境协调发展问题的研究。已有针对河西走廊的研究并没有能够把该地区十分匮乏的水资源、十分脆弱的生态环境、快速的城镇化趋势结合起来研究，进行系统分析和评判。

第三，生态环境对城镇化的约束效应关注较少。已有研究对生态环境约束下的城镇化可持续发展路径选择的研究较为薄弱。也就是说，相较于理论和实证研究，对城镇化与生态环境协调发展的对策研究较少。而这正是丝绸之路经济带国内段区域在城镇化进程加快中亟须解决的重大问题。

基于此,生态安全正是西北干旱区在新型城镇化进程中亟须解决的重大问题。因此,为本研究留出了空间。本研究从西北干旱区的经济、社会、生态环境实际出发,在已有城镇化与生态环境关系理论的分析框架下,对西北干旱区新型城镇化与生态环境的协调发展进行系统研究,这对于提升国内学术界对西部地区城镇化与生态环境关系的认识高度及其协调可持续发展具有重要的理论和现实意义。

第三章 相关概念与理论基础

第一节 基本概念的界定

关于城镇化的定义，虽然界定方式多种多样，但都基本立足于本学科来对城镇化进行定义：经济学认为城镇化是人口从农村向城市不断转移的过程；人口学对城镇化的定义至少包括人口集中和城市生活方式扩散这两大方面；生态学认为城镇化必须让生态环境系统能够良性循环运作，并以此作为约束条件，才能加快城镇化的发展速度。综上所述，对城镇化内涵的理解既不能简单地定义为人口从农村转移并集中到城市，也不能单纯地理解为从农业向工业过渡。本书研究的城镇化概念，是在城市发展推进过程中实现经济、人口、社会、空间和对外水平的综合发展，是一个集成概念的城镇化。进一步，本书研究城镇化不是简单地从起点到终点，其立足点是从"化"的动态状态入手。具体来说，即从过程来探讨城镇化现象、实践和理论问题。

关于城市生态环境的定义，指影响城镇化发展的水资源、土地资源、生物资源以及气候资源数量与质量的总称。进一步说，城市生态环境并非自然而然就能得到生存与发展，而是需要一定程度的城镇化水平，其发展速度与质量直接与生态环境质量挂钩。城镇化发展可以促进生态环境保护。只有当一个城市的城镇化得到了永续发展，其生态环境水平才能不断提高并得到保护。

关于协调发展、人与自然和谐发展的思想在中国古代就有，如"道法自然""天人合一"等。时至今日，协调发展多指两个或多个相互关联的事物和对象之间的关系体现为互相促进、共同发展，或者至少实现经济学中的帕累托式的改进。对于当前所讲的经济协调发展，则主要指实现经济效益、社会效益和环境效益的统一。

关于城镇化与生态环境协调发展的定义，许多学者认为二者之间存在着相互作用、密不可分的关系。城镇化与生态环境的协调发展是指城镇化与生态环境的相互促进作用，两个分系统构成了一个高度统一、同步发展的循环体系。

第二节 城镇化的研究

"城镇化"（Urbanization）一词从提出距今已有一百多年的历史，最早是在依勒德丰索·塞尔达的《城镇化概论》中提出，然而"城镇化"一词作为专业术语引入中国较晚，我国研究城市与乡村的有关学术文献在20世纪70年代末、80年代初开始出现"城镇化"一词。

一 城镇化的内涵

城镇化过程的复杂性决定了对其研究的多学科性，各个学科从各自学科领域出发对城镇化内涵作出的解释。经济学家着重研究乡村经济向城市经济转化的过程，包括城镇化引起产业结构、就业结构、消费方式的改变等。地理学家强调空间区位再分布，城镇化是居民聚集和经济布局的重新组合，城市将会代替农村成为地域上各种活动的中枢。社会学家则指出城镇化是人们的社会生活方式转化的过程，由农村向城市转化以及由此引起的各种社会后果。人口学家对城镇化的研究则是通过观察城市人口在总人口中所占比例和城市人口规模的分布及其变动，分析产生上述变化的经济原因、社会原因及其后果。

我们常说的城镇化具体包括以下三个方面的内容：第一，城市性状的完善过程。是指中心地的不断变更的过程，而这一变迁过程变现为经济发展密切相关的一个人口高度集中的社区系统的变更。第二，城市规模扩大和城市数量增长过程。在空间上，从分散到集中，从农村到城市；在就业上，农业人口逐渐先向第二产业领域转移，接着向第三产业行业领域转移；在人居环境上，包括工程性基础设施和社会性基础设施均得到完善。第三，城市质量的不断演化和提高过程。呈现出城市体系更加合理，城市基础设施日趋完善和城市人居环境不断改善等，最终实现城市经济发展的现代化和城市的可持续发展。

二　城镇化进程

城镇化是衡量人类经济社会发展程度的一个重要指标，城镇化与经济社会发展的相互关系存在着一般性的规律。1975年美国城市地理学家 Ray M. Northam 提出了 S 形曲线，（如图 3-1 所示），他形象地用这个曲线来刻画一个国家或地区城镇化变化过程。Ray M. Northam 根据城市人口占总人口比重这个指标的变化，研究世界各国城镇化过程所经历的轨迹并提出城镇化过程可分为初期阶段、加速阶段和后期阶段。

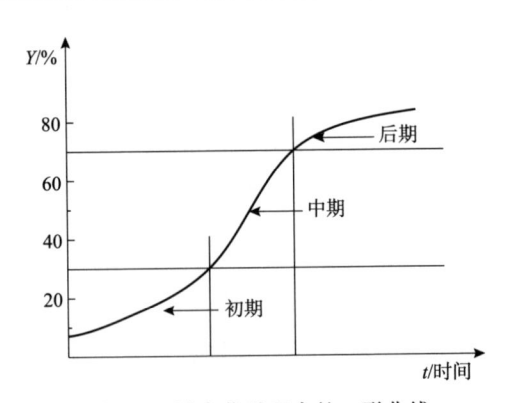

图 3-1　城市化进程中的 S 形曲线

城镇化初期阶段（城镇人口占比 30% 以下）由于农业在国民经济中占有较大比重，农业生产率低，农村人口在总人口中占较大比重，农村剩余劳动力释放缓慢，社会资本积累较慢，加上科学技术水平的约束，工业发展很慢，能提供的就业岗位也较少。因此，在城市拉力和农村推力均较小的状况下，城镇化水平低，且发展缓慢。中期阶段（城镇人口占比在30%—70%之间）由于农业劳动生产率提高，大量农村剩余劳动力得到释放；工业在这一阶段需要大量劳动力，主要生产劳动密集型生活消费品。伴随着大量劳动力进入工厂就业，工业实力逐步雄厚，经济实力明显增强，城镇人口比重在短短的几十年内突破50%上升到70%，城镇化发展呈加速状态。后期阶段（城镇人口占比在70%—90%之间）农业基本实现现代化，农村剩余劳动力基本完成转移；工业由劳动密集型逐渐过渡到资本密集型和技术密集型，能够吸纳的劳动力递减；因此，在后期城镇化阶段，城镇人口比重处于饱和状态。具体到内部，人口结构不再表现为农村人口变为城镇人口的过程，而是呈现为城镇内部人口就业从第二产业向第三产业转移。

自英国兴起工业革命，世界开始从乡村时代迈向城市时代，全球经济社会发展阶段从农业社会进入工业社会。英国也成为城镇化最早的国家，进而带来欧美等其他国家的城镇化，这一浪潮继而席卷整个世界。世界范围的城镇化进程大致可以分为以下三个阶段：（1）18世纪中叶到19世纪中叶：世界城镇化的兴起阶段。到1851年，英国城市人口占全国总人口比重达到53.87%，基本上实现了城镇化。而当时世界城市人口只占总人口的6.5%。（2）19世纪中叶至20世纪中叶：城镇化在欧美等发达国家的推广和基本实现阶段。这些国家靠产业革命推动城镇化道路，农村剩余劳动力大量进入城市。从城市人口占比来看，经历了一个世纪，发达国家4亿多人走进城市，城市人口比重达到50%以上。同期，发展中国家和地区的城市人口也有所增加。这样，整个世界的城市人口从19世纪中叶到20世纪中叶，由初始的8000万人上升到7.17亿人，净增6.37亿人。（3）20世纪中叶至今：城镇化加速的情况几乎出现在世界上每一个国家，这一阶段世界城市人口比重上升速度很快，2007年城市人口占比增长到49.5%。1950—1960年，世界城镇化率平均每年以 3.5 个百分点增长，其中发展中国家年平均增长率高达 8%，无论是世界整体还是发展中国家的城镇化率增长率都远高于前一时期，1920—1930 年期间 3% 的年平均增长率。

与世界城镇化浪潮相比，尽管我国修城筑市已有四千多年的历史，但是我国近代意义上的城镇化始于 1840 年的鸦片战争之后，起步较晚。与其他发达的西方国家相比，我国城镇化发展的时间仅有不到 200 年的时间。新中国相对全球范围来说，是在起点很低的基础上开展城镇化的。1949 年中华人民共和国成立时，世界城镇化水平为 29%，我国城镇化水平仅仅为 10.6%，中华人民共和国成立伊始，我国只有 86 个城市。而当时即 20 世纪中叶欧美等发达国家的城镇化水平甚至已超过 60%。

我国城镇化历程以 1978 年为分界点分为两个阶段：中华人民共和国成立至改革开放和改革开放至今。在第一阶段，我国城镇化发展可分为上升、波折和停滞三个阶段；在第二阶段，城镇化逐步走上稳步发展时期。

就第一阶段具体而言，1949—1957 年是城镇化起步发展时期：随着工作重心的转移、"一五计划"的制定与实现、多项重大城市工业发展和 156 项重点工程得到实施，城市生产功能得到恢复和强化，城市人口所占比重由最初的 10.6% 增加到期末的 15.4%。1957—1965 年是城镇化大起大落时期：自 1958 年开始，中国盲目地开展"大跃进"运动、成立人民公社，强行推进城镇化，导致城市基本建设规模过度膨胀、国民经济比例严重失调。自 1957—1960 年，我国的城镇化水平由 15.4% 上升到 19.5%，城镇化速度很快，但是城镇化的经济基础、社会基础、文化政治基础不牢固，加之 60 年代初连续三年自然灾害、阶段性政策失误和开始于 20 世纪 50 年代的中苏交恶等因素的影响，我国经济陷入全面萎缩状态，城镇化进程也"不进反退"，此后的几年建制镇和城市都呈减少的趋势。总体而言，这一时期城市的发展经历了由扩大到紧缩的变化。1965—1978 年的城镇化表现为停滞不前：这一时期正处于十年动乱期间，典型标志是"文化大革命"。由于政治运动、备战工作压倒一切，致使更多的人力物力撤离城市、转向偏远山区，城市工业停滞不前，城市人口数量也没有大的增加。1969年的大下放政策，对城镇化进程的损害尤其严重，使得我国城镇化水平一下回到了1952年的水平，城镇化水平骤降至12.2%。显然，1949—1978年，从中华人民共和国成立到改革开放前，我国城镇化发展非常曲折，总体来讲，这一阶段我国城镇化发展速度非常缓慢。改革开放时，我国的城市人口为1.7亿人、所占比重为17.9%，比中华人民共和国成立时的10.6%仅上升了7.3个百分点。

在改革开放之后的第二阶段，随着国家对经济社会领域的整顿和改革，市场经济步入正轨，我国的城镇化也进入了稳定、快速发展的通道，彻底摆脱了20世纪六七十年代起伏不定、停滞不前的局面。1978—1998年，我国城市人口占比为30.4%，2000年我国城镇化水平为36.09%，2010年城市人口占总人口比率上升到了49.68%，2021年我国城市人口占比达到了63.89%。

甘肃作为中国古代文明的发祥地之一、各民族文化的聚集地、连接东西方物质文明和精神文明的桥梁，有着悠久且辉煌的城市发展历史。金城（今兰州）、甘州（今张掖）、凉州（今武威）、肃州（今酒泉）是甘肃城市发展历程中的明珠。中华人民共和国成立后，由于计划经济体制的影响，甘肃的经济过多地受到政府行为和政策导向的制约，因此甘肃的城镇化进程经历了长期的曲折徘徊过程。1978年党的十一届三中全会至1999年西部大开发战略实施之前，经济迅速发展、大量农村剩余劳动力涌向城市，甘肃的人口城镇化得到较快发展。1978—1998年，城镇人口由269.44万人增加到596.23万人；城镇人口比重由14.41%上升到23.52%，2001年武威、张掖、酒泉、庆阳和定西地区先后撤地设市。2011年，全省辖有12个市、2个自治州和86个县（市、区），甘肃城镇人口由1999年的603.18万人发展到952.6万人，城市人口比重由23.72%增加到37.15%。

考虑到资料的可信度,这里选取城镇人口比重变化趋势来说明甘肃城镇化进程。从图3-2可以看出,甘肃城镇人口总体上呈上升趋势,1999年之后上升幅度加大。从图3-3可以看出,甘肃省城镇化历程的曲折性。中华人民共和国成立之初城镇人口增长率有了一定程度的提升,但之后计划经济体制和政策导向的影响,使得城镇人口增长率有大幅度的下滑,这种状况直到1978年改革开放之后才得到改善;从该图还可以看出,甘肃省总人口增长率从1995年之后呈现出下降的趋势,而这正是导致2002年之后城镇人口增长速度较之前有所下降的重要原因。

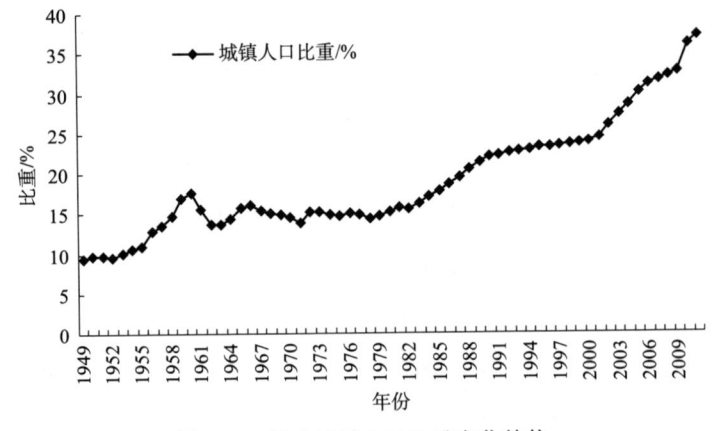

图3-2 甘肃城镇人口比重变化趋势

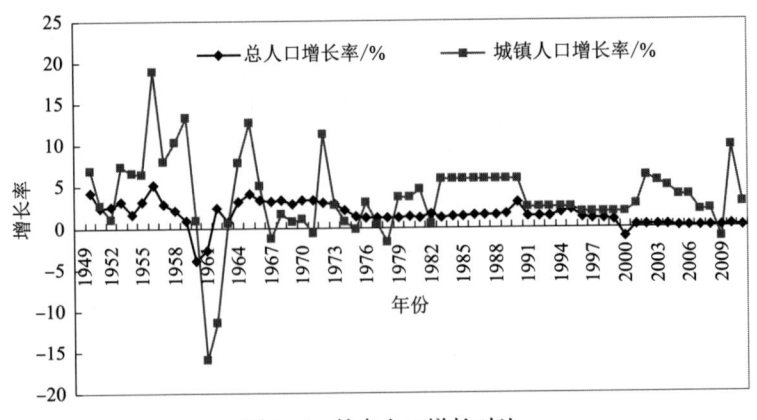

图3-3 甘肃人口增长对比

本研究采取城市人口比重指标对甘肃省各地和全国的城镇化程度进行横向比较。从表3-1可以看出，甘肃城镇化水平有以下三个特点：一是全省城镇化水平37.15%，低于全国的平均水平51.27%；二是各地区城镇化水平有很大差距，嘉峪关市的人口城镇化率达到了93.35%，兰州和金昌的城镇化水平分别高达77.34%和63.1%，而定西和陇南的城镇化率仅为24.43%和21.4%；三是甘肃省绝大部分地级市城镇化水平远低于全国水平，仅嘉峪关、兰州和金昌三市城镇化水平高于全国平均水平，这三个城市里面嘉峪关和金昌属于资源基础型城市。可见，甘肃城镇化问题任重而道远。

表3-1 甘肃省12个地级市和2个自治州城镇化率与全省及全国的比较

地区	总人口数（万人）	城镇总人口数（万人）	城镇人口比重（%）	排序
中国	134735.7	69079	51.27	—
甘肃省	2564.19	952.5966	37.15	—
兰州市	362.0895	280.04	77.34	2
白银市	171.3333	69.39	40.5	5
临夏回族自治州	196.2846	49.66	25.3	11
定西市	270.528	66.09	24.43	13
天水市	327.4733	97.98	29.92	8
陇南市	256.0748	54.8	21.4	14
庆阳市	221.4946	57.5	25.96	10
平凉市	207.6592	62.63	30.16	7
甘南藏族自治州	68.86907	16.99	24.67	12
金昌市	46.59271	29.4	63.1	3
武威市	181.982	52.52	28.86	9
张掖市	120.4558	43.34	35.98	6
酒泉市	110.0607	56.23	51.09	4
嘉峪关市	23.32084	21.77	93.35	1

注：数据根据《中国统计年鉴2012》和《甘肃发展年鉴2012》整理计算而得。

三 城镇化的相关理论

(一) 区位理论 (集聚理论)

城镇化的理论源起可以追溯到区位理论。主要包括古典区位理论和市场区位理论。而最为经典的理论有杜能的农业区位论、韦伯的工业区位论和克里斯塔勒、廖什的城市区位论等。农业区位理论是最早的区位理论，其代表人物是冯·杜能，代表作是《孤立国》，它主要研究了农业土地效益，揭示了核心问题"级差地租"，提出了农业圈层。工业区位理论的代表人物阿尔弗雷德·韦伯在《工业区位论》较系统和完整地研究了工业区位理论。城市区位论的代表人物克里斯塔勒和廖什应用市场分析等分析方法，将区位理论推向了新的高度。

农业区位论的开创性贡献在于揭示了"级差地租"，并据此建立了农业空间圈层布局模式；工业区位论则在严格假设基础上系统阐述了工业区位选择和合理布局，尤其是韦伯逐步放宽假设条件，确定工业生产的最佳区位。引入三个区位因子，根据运费、劳动力费用和聚集相互作用的分析与计算，确定相应的工业布局；克里斯塔勒和廖什城市区位理论则分析了城市效益的根源，聚集效用大于分散效用，确定了城市的分布状态和分布形式。

(二) 结构理论

结构理论主要有城乡经济二元结构理论和农业与非农业人口变动。刘易斯认为在具有二元经济结构特征的社会里，劳动力具有完全弹性。得出此结论的理由是传统农业部门存在大量低收入的劳动者。1961年拉尼斯和费景汉在二元结构模型基础上进行了修正和完善，详细论述了经济结构转换过程中就业结构转换的条件和阶段，并提出部门间平衡发展的思想，还阐述了农业剩余劳动力转移发展的三阶段过程，形成了"刘易斯—拉尼斯—费景瀚"模型。显然，传统的二元经济结构理论只有通过一系列变迁才可以实现城镇化。资本积累在现代部门不断地进行组织创新和技术进步才能够改变人们的就业方式、居住方式和消费结构，通过人的城镇化从而实现全面意义上的城镇化。

20世纪60年代舒尔茨在《改造传统农业》中指出"农民是精于计算的经济主体，特别是在处理成本、收益和风险时"，作为经济主体的农民具有很强的学习和优化资源配置的能力，正是这个原因整体而言进而可扩大到人力资本的形成。在发达国家工业化演进过程中，钱纳里·塞尔昆的"就业结构转换理论"认为农业产值和劳动力就业从农业向工业的转换基本是同步的，这是发达国家的特征；但在发展中国家，明显地表现出与发达国家的不同，其产值结构转换普遍先于就业结构转换。

（三）非均衡增长论

增长极理论、循环积累论、非均衡增长理论和中心—边缘理论丰富了非均衡增长理论。这一理论认为区域间的不平衡发展会扩大区域差别，并从空间视角给予解释，主要针对城乡间的相互关系及其转变趋势进行探讨。

1955年法国经济学家佩鲁提出"增长极化及其效应原理"。"增长极"理论强调集聚效应和扩散辐射效应，经济活动中心是由有创新能力的企业和主导部门在大城市或某些地区的聚集发展而形成的。因此城市和主导部门能够产生吸引或辐射作用，通过吸引生产要素促进自身发展并推动其他部门和地区的经济增长。1957年缪尔达尔提出了"循环累积论"，认为在经济发展初期生产要素可自由流动，各地区的人均收入、工资水平和利润率大致相等，但是在外部因素的影响下各地区的经济发展就会出现不平衡，因为外部因素的作用，最终导致地区间的巨大差距：人均收入、工资水平和利润率。1958年，赫希曼在《经济发展战略》中指出平衡增长战略的不可行性，并在提出"极化效应"的基础上论述了"非均衡增长"理论。20世纪60年代，美国经济学家费里德曼提出了中心—边缘理论，认为在中心区对自身经济的不断强化和对边缘区的支配态势基础之上，会产生强烈的极化效应与扩散效应，形成中心区和边缘区相互依存的机制。

第三节 生态环境的研究

一 生态环境的内涵

在环境保护的工作中频繁出现"生态环境"这一词语，例如1999年1月6日国务院常务会议通过的《全国生态环境建设规则》和2000年11月26日国务院颁布的《全国生态环境保护纲要》中就应用到该词语。我国《环境保护法》指出："环境是指大气、水、土地、矿藏、森林、草原、野生动植物、名胜古迹、风景游览区、温泉、疗养区、自然保护区、生活居住区等。"这是从实际工作的角度对环境做出的定义，可将该定义理解为具体的生态环境。总之，直接或间接影响到人类生存与发展的一切自然或人工形成的物质、能量和自然现象的总体均可称为生态环境。

生态环境是广义的，包括人在内的生命有机体的环境。我们把它定义为各种关系的总和，依托生态因子和生态关系，生命有机体才能赖以生存、发展、代谢、繁衍和进化。生态关系是大气、土壤、水、能源、矿物等自然环境因子与生物二维的互动关系。生态因子是指大气、土壤、水、能源、矿物、生物等生态环境要素。也有学者将生态环境系统划分为不同的生态环境结构单元，而生态环境结构单元又由不同的生态环境要素构成。生态环境要素又被称为生态环境基质，是指构成人类生态环境系统的各个独立、性比不同的但又服从整体演化规律的基本物质成分。如水圈这一生态环境单元由全部水体构成，而不同的水体均由水这一环境因素构成；大气圈由整个大气层构成，大气层由自然界的所有大气构成。

在自然界中，各生态因子相互影响、相互制约，构成了千变万化、千差万别的生态环境。生态因子之间相互联系与相互制约遵循着一定的生态作用规律，这是人们认识生态环境、保护与合理利用生态环境的重要依据。自然环境与特定的人群或生物有直接或者间接的作用关系，因此称之为人类的生态环境或生物的生态环境。生态环境也受社会因素与人为因素支配，包括政策、体制、技术、行为以及社会关系等，生态环境是自然环境、经济环境和社会环境的交集。对生态环境产生很大影响的社会因素与人为因素，如炸山取石、砍伐森林、退耕还林等活动，都会对生态环境产生影响。

二 生态环境的相关理论

（一）环境库兹涅茨曲线规律

库兹涅茨研究发现随着人均收入水平的提高，收入不平等程度表现为先上升、到达一个高点后转折下降的运动轨迹，这一倒"U"形的运动轨迹被称为库兹涅茨曲线。环境经济学家受这一逻辑关系的启发，并依据发达国家的经验数据的支持，即在经济高增长、环境高污染之后，环境质量会随着经济的进一步发展有所改善。克鲁格曼和克鲁格首次实证研究了环境质量与人均收入间的关系，指出了"污染在低收入水平上随人均收入增加而上升，在高收入水平上随人均收入增加而下降"。2002年，哈佛大学帕纳约托证实了环境库兹涅茨倒"U"形曲线，并列出了低收入期、转折期和高收入期的环境质量特征值。环境库兹涅茨倒"U"形曲线的数学表达式如下：

$$Z=m-n(x-p)^2$$

式中，Z代表生态环境恶化程度；x表示人均国民生产总值；m表示环境阈值，$m>0$；n，$p>0$。

考虑到数据的可获取性，在实际研究中，通常用环境污染指标的绝对量或质量来表示生态环境恶化程度，用二次曲线$Y=\beta_0+\beta_1 x+\beta_2 x^2+\delta$或三次曲线$Y=\beta_0+\beta_1 x+\beta_2 x^2+\beta_3 x^3+\delta$来研究经济发展和环境质量之间的关系。

在经济发展的初级，即经济发展水平较低阶段，生态环境受到经济的影响程度较小。进入经济起飞阶段或者现代经济增长初期，由于资源密集型产业占主导地位，自然资源的耗费与废弃物的排放速度远高于环境自净速度，加上环保意识的淡薄、清洁技术的缺乏，最终导致生态环境随着经济发展不断恶化。在这一阶段，人均收入水平与生态环境改善呈现出负相关关系，即经济增长越快，生态环境越差，原因是经济发展对生态环境的破坏程度较大。经济发展到更高阶段之后，随着生产技术的进步、产业结构的调整和环保意识的增强，经济增长与生态环境表现为正相关关系，这时候环境污染程度随之减轻。环境库兹涅茨倒"U"形曲线正是人均收入水平和生态环境污染程度由"两难"区间向"双赢"区间演变的反应。

考虑到环境污染具有空间上的不均衡性，即主要集中在城市及周边地区，可见经济发展水平和环境污染程度之间的倒"U"形关系，对于研究城市的可持续发展有着重要的意义。若EKC是不可避免的规律，就应通过环境规制、产业结构调整、新技术运用和激励力度的加大等手段来降低EKC曲线的拐点位置，从而使拐点低于环境承载阈值，或者使两者之间的差距缩小。

（二）循环经济理论

20世纪中期，发生了震惊世界的八大环境污染事件，至此，各个国家开始重视环境污染问题。循环经济的思想基础可以追溯到1966年，美国经济学家鲍尔丁首次提出可以将地球看作与宇宙飞船一样的封闭系统，鲍尔丁认为它们的共同特征是系统内资源是有限的，一旦这些资源被消耗掉，那么环境便不再适合人类生存。考虑到不断增长的人口与地球内部资源的有限性，鲍尔丁主张采取重复利用有限资源的模式即循环式经济。

关于生态经济的含义，尽管学术界对此的认识依然存在差异，但是随着人们对循环经济认识程度的加深，对循环经济已经形成了较为一致的解释。从人与自然的关系定义循环经济，主张将人类生产过程纳入自然循环过程，通过控制废弃物的产生及循环利用资源，从而维护生态平衡。还有学者将循环经济看作一种新的经济形态。曲格平认为循环经济就是把清洁生产和废弃物的综合利用融为一体的经济，这就需运用生态学规律指导人类的经济活动，按照自然生态系统物质循环和能量流动规律重构经济系统，以达到使经济系统纳入自然生态系统物质循环过程的目的，从而建立起新形态的经济。从生态经济学的角度看，从"资源消费→产品→废物排放"的单程型（开放式）物质流动模式，这种循环经济要求的经济活动组织范式转向"资源消费→产品→再生资源"的闭环型物质流动模式（或称为反馈式）。其核心是使所有原料和能源得到最合理的利用，最终使经济活动对生态环境的影响降低到最小程度。

在 20 世纪 70 年代，循环经济还只是先行者的一种理念，当时的环境保护强调如何减少已产生污染物的危害，即处于末端处理方式阶段；80 年代，人们逐步认识到只有从生产或消费的源头上抓起，才能从根本上解决问题，但是大多数国家仍缺少政策方面的有力举措；90 年代之后，旨在避免废弃物产生的循环经济战略才得以形成。在这方面，德国和日本在国家层面上明确提出了循环经济发展模式，并且明确地在国家层次上颁布了有关循环经济的法律，走在了世界前列；美国则是针对环境和资源问题颁布了一系列有关废弃物处理和资源回收的法律法规。在我国，循环经济研究方面走在前列的是上海。

在实践中应用循环经济战略思想的基本指导性原则是 3R 原则（Reduce，Reuse，Recycle），即减量化、再使用和再循环。很显然，技术是循环经济的关键因素，不仅包括前端的环境无害化技术，也包括后端的污染治理技术。但是实践表明，只依靠技术并不能解决问题，还应该依靠制度才能从根本上解决环境污染和资源消耗过高的问题，因为在现行的免费利用环境和资源的经济体制下通常出现循环不经济的现象。

（三）可持续发展理论

第二次世界大战之后，世界各国特别是发展中国家的经济基础和实力都较弱，所以实现生产产值的迅速增长、提升经济实力便是首要发展目标，主要通过大力推行工业化来实现。在上述"增长第一战略"的实施下，许多国家的确在较短时间内实现了其经济目标，但是也产生了很多弊病，如生态环境恶化、"城市病"蔓延等。因而到了20世纪60年代，各国开始反思这种仅强调经济增长、不关注对环境的影响的片面的发展模式。很显然，恶化的环境会反过来作用于人们的生活和经济生产，不仅会影响人们生存的环境质量和身体健康，也会制约经济的发展。所以，人们在反思的基础上不断探索新的发展方式，以寻求一种长期发展的模式，这种发展模式必须建立在环境和自然资源承载力基础上。世界各国的有识之士先后提出过"有机增长"的战略构想，也有人提出"全面发展""同步发展"的思路，甚至有人提出"协调发展"等战略构想。1972年，联合国"人类环境会议"有114个国家参加，在这次会议中，正式发出了各国要高度重视环境问题的号召。1987年联合国世界环境与发展委员会发表报告——《我们共同的未来》，在这篇报告中明确定义了可持续发展，报告的发表标志着可持续发展理论逐步形成，从这一报告发表起，国际社会达成可持续发展的共识。可持续发展内涵丰富，要求既满足当代人的需求，又满足后代人的需求，也就是说不对后代人满足其需求的能力构成威胁。可持续发展要求三个方面的协调统一，包括经济可持续、生态可持续和社会可持续；目标是最终达到人类生活质量的提高，要求人类在发展中讲究经济效率、关注生态安全和追求社会公平。

保持城市的生命力，前提是提高城市的生产效率，增加物质产品产出和提高服务产品的质量，可持续发展并不是以环境保护为名抑制经济发展，而是十分重视经济发展；但可持续增长在关注增长数量的基础上更关注经济发展的质量。在发展经济的同时考虑自然承载能力是可持续发展的内在要求，即在发展经济的同时必须保护、改善和提高地球的资源利用效率和环境自净能力，保证以可持续的方式利用自然资源和环境。鉴于两极分化的自然资源分配与环境代价分配对人类的可持续发展影响很大，故而创造一个良好的社会环境对于可持续发展显得尤为重要，诸如保障人类平等、自由和免受暴力等，从而提高人类健康水平，改善人类生活质量。在人类可持续发展系统中，基础是生态可持续，前提是经济可持续，社会可持续才是目的。

国内外的实践表明，粗放的经济发展会对生态环境造成破坏，这样其实是反制约了经济的发展和可持续发展，遭到破坏的生态环境反过来又会阻碍经济社会发展，这显然形成了恶性循环。所以，在发展经济的过程中，必须引入生态可持续的理念，形成对经济发展的约束条件。同时，应当将社会可持续也引入此发展系统，因为社会可持续才是目的。只有经济、生态、社会三个子系统构成一个有序的耦合的发展大系统，相互协调发展，实现生态环境改善、经济持续发展和社会高度和谐，可持续发展才能成为现实。然而，在各国的实践以及客观实际中，很多地区尤其是欠发达地区基本都是在"我落后—要发展—再保护"的逻辑支配下发展，所以经济发展就是第一位的目标。反过来看，如果经济不发展，对资源的利用和环境的保护也是不现实的，只有在加快发展的前提下才能提高资源利用率和加强环境保护。

三　生态环境研究的相关成果综述

治理日益严峻的生态环境问题已成为社会各界的共识，学术界对于生态环境治理的研究也取得了较大进展。但由于侧重点与研究视角的不同，这方面的研究成果比较庞杂，为了全面了解已有研究成果及明确进一步的研究方向，我们将近几年有关生态环境的相关研究成果分为生态环境的多元治理和评价研究两大类进行了梳理。

（一）生态环境的多元治理

从环境规制对技术进步影响的角度分析生态环境治理的效果及其对经济的影响。许冬兰和董博（2009）以中国工业为研究对象，比较分析了 1998—2005 年环境规制对东部、中部和西部三个经济发展程度不同区域间工业技术效率和生产率损失的影响，作者采用非参数数据包络法（DEA）中的径向效率测量方法。张成、陆旸等人（2011）在构建了数理模型，主要变量为环境规制强度和企业生产技术进步，运用面板数据方法检验了 1998—2007 年中国 30 个省份工业部门的环境规制强度和企业生产技术进步率之间的关系。其研究结果表明：从长远来看，政府只有制定合理的环境规制政策才能实现生产技术的进步和治污技术的提升，进而为实现环境保护和经济增长的"双赢"提供技术支持。匡远凤和彭代彦（2012）采取广义马姆奎斯特指数与随机前沿函数相结合的方法，研究了我国 1995—2009 年考虑环境因素下的生产效率及全要素生产率的增长变动状况。刘伟明和唐东波（2012）运用径向非角度方向性距离函数方法，测度了 2000—2009 年中国 30 个省份工业部门的环境技术效率值和环境全要素生产率变化值，并分析了影响环境全要素生产率变化的因素。研究发现技术进步是环境全要素生产率增长的主要原因。

有一部分学者认为应通过体制改革来解决生态环境问题。王小鲁（2000）从生产要素、结构变动、制度变革、外部环境等方面分析了改革开放以来经济高速增长的原因，判断了经济持续增长的可能性。他认为，对过去高速增长做出最重要贡献的是制度变革引起的资源重新配置，针对中国目前面临的增长方式转换的挑战，今后经济能否保持中高速增长取决于若干深层体制改革和政策调整。高辉（2009）的研究表明，中国污染物的排放与人均 GDP 的关系并未真正形成，尽管近年来中国主要污染物的排放增长率有所下降，但是大多数污染物的排放并没有遵循环境库兹涅茨曲线规律。要改变生态环境继续恶化的状况，中国政府须改变经济增长方式，从单纯追求 GDP 的增长方式转向可持续的经济发展方式。王玉庆（2010）指出要从国家层面，建立资源环境要素的市场经济，以及严格的环境保护制度来推进生态文明建设和环境保护工作。张成和朱乾龙等（2011）对中国 31 个省份进行了整体和分组检验，同时质疑 EKC 曲线的"同质"假设，认为为了实现环境保护与经济增长的"双赢"，政府应采取因地制宜的方式，对不同生态条件和经济发展基础的区域有针对性地优化环境规制形式和提高环境规制强度。

改革开放至今的发展历程表明，FDI 虽然对我国经济的高速发展起到了不可替代的作用，这一成就表现明显，但不容掩盖的事实是也对我国的生态环境产生了一系列的负面影响。一种观点认为 FDI 不仅为发展中国家提供了运用新技术的动力和机遇，支持"污染光环"假说，也会将发达国家先进的管理体制引入发展中国家，两者都会促进清洁生产或绿色生产的实现，进而提高发展中国家与全球生态环境质量。如，Christmann（2001）认为，由于跨国公司在环境行为方面有较强的自我管理能力，因而，改革开放以来，资本的流入为中国带来了积极的环境效应。Mielnik（2002）的研究表明，跨国公司可通过更先进的技术提高发展中国家的生产效率和能源利用效率，从而提高生态环境水平。Eskeland 和 Harrison（2003）认为污染密集型产业的 FDI 企业比内资企业更重视环境保护，FDI 企业会采取环境友好型的生产技术和治污技术。李惠茹（2007）认为，外资，特别是合资与合作项目为我国企业带来了更先进的管理方式和理念，提供了相关信息和指导，合资与合作项目过程中加强了对环境保护的管理与培训，这给我国生态环境带来了正面的影响。另外一部分学者则支持由 Walter 和 Ugelow 于 1979 年提出的"污染避难所"假说，这一假说认为 FDI 会导致工业污染和环境退化但能够刺激经济增长，并且会产生一种不可逆的效应，即污染型产业或企业向环境规制强度较低的发展中国家转移，会使之成为"污染避难所"。刘渝琳和温怀德（2007）的研究表明，我国已经出现了"污染避难所"现象，经济增长与吸引 FDI 的代价是环境污染，他们运用 2000—2005 年的面板数据验证了一个事实，就是 FDI 虽然促进了我国的经济增长，但也增加了我国的环境污染。邓柏盛与宋德勇（2008）运用面板数据的分析发现，"污染避难所"假说在我国得到证实，发达国家通过对外贸易而不是 FDI 向我国转嫁污染。近几年，学者开始关注一个国家或地区采取环境规制后所产生的影响。环境规制不会对 FDI 及其区位选择产生影响，持这一观点的学者如 Dean（1992）早期的研究表明，环境规制对投资 FDI 的区位选择没有明显的影响。后来也有学者解垩（2008）运用 DEA 方法测度了中国 31 个省区工业的 Malmqusit 生产率指数、技术效率和技术进步，时间跨度为 1998—2004 年，研究表明增加污染治理投资和减少工业 SO_2 排放对工业生产率没有明显的影响。曾贤刚（2010）运用面板数据分析方法对 1998—2008 年中国 30 个省份的研究分析表明，跨国企业在决定产业布局时主要考虑的是经济规模、基础设施状况和外资的集聚效应等因素，目的是为保持其竞争力，而非环境规制因素。第二种观点认为环境规制会对 FDI 的区位选择产生重要影响。List and Cole（2000）认为 FDI 的流入会因为环境规制而受到抑制，即如果东道国的环境标准较低，外商直接投资则更积极。世界银行（2000）的报告表明，由于企业的生产成本中增加了环境规制成本，发展中国家成为污染密集型产业的转移目的地，使发展中国家成为"污染天堂"[1]。李国柱（2007）采用面板因果关系验证了我国存在"污染避难所"的证据。作者检验了 FDI 与环境污染的因果关系得出结论，污染密集型产业因为较弱的环境规制而进入，而污染密集型外资的进入加剧了我国环境的恶化。当然，也有少数学者认为环境规制越强，越能吸引外商直接投资，如 Duerksen 和 Leonard（1980）研究发现环境标准较高、环境规制较强的国家比环境规制标准较低的国家能够吸引更多的海外投资，他们是基于对美国冶金、造纸、化工和石化等行业进行分析的，可以看出，这些行业多是污染密集型行业。Bouwe，Anuj 和 Arijit Mukherjee（2006）运用古诺双寡头模型，从环境规制带来企业主体成本上升幅度不同的角度进行分析，他们认为东道国环境规制能够刺激海外投资更多净流

---

[1] World Bank, 2000, "Is Gobalization Causing a 'Race to the Bottom' in Environment standard?" PREM Economic Policy Group and Development Economics Group.

入的原因是环境规制使得其本国公司的成本上升大于跨国公司的成本增加。

温室气体对生态环境的损害日益严重，所以部分学者认为应以温室气体减排为切入点、通过经济发展方式转型来提升生态环境质量。这方面的研究成果可以分为两类，第一类是在国际社会应对气候变化的背景下，从排放历史的角度出发，分析了各国的减排责任。国务院发展研究中心课题组（2009）根据科斯的产权理论和外部性理论，构建了界定各国历史排放权和未来排放权的理论框架，并提出一个将各国"共同但有区别的责任"明晰化、将所有国家纳入全球减排行动的后京都时代解决方案。因为温室气体排放是全球变暖的主要原因，所以合理界定"谁能排放，能排放多少？"的问题就显得很关键，这个问题的核心是温室气体排放权和减排资源在时间、空间、国家间的合理有效配置。樊纲和苏铭（2010）在论证"国际公平分担框架"含义的基础上，从动态视角考查并核算最终消费导致的碳排放量，即依据最终消费来衡量各国碳排放的责任；他们计算了1950—2005年世界各国累积消费排放量，计算发现中国有14%—33%（或超过20%）的国内实际排放是由他国消费所致，而大部分发达国家则相反，建议以1850年以来（人均）累积消费排放作为国际公平分担减排责任与义务的重要指标。第二类是在提出低碳目标后，如何在保证经济增长的前提下完成减排目标。陈诗一（2009）运用中国工业38个行业的投入产出面板数据库、利用超越对数分行业生产函数对中国工业全要素生产率进行度量和绿色增长核算，认为改革开放以来中国工业总体上已经实现了以技术驱动为特征的集约型增长方式转变，但是一些能耗和排放高的行业仍然表现为粗放型增长，所以必须进一步提高节能减排技术才能最终实现中国工业的完全可持续发展。张友国（2010）采用投入产出结构分解法，分析了1987—2007年经济发展方式变化对GDP排放强度的影响，其结果表明，经济发展方式变化促进了中国GDP碳排放强度的下降。林伯强和孙传旺（2011）的研究表明，能源强度的改善不仅利于全要素生产率的提高，对经济增长同样也具有拉动作用，因而提高能源效率是减少碳排放的主要途径。

除了上述几个角度之外，还有学者从环境规制与地方政府间相互竞争的视角、环境税收等其他的视角来分析生态环境的演变趋势及其治理效果。张征宇和朱平芳（2010）从效用最大化目标出发，考虑了地方政府间策略博弈与跨期预算的约束条件之后，在空间动态面板模型方法的基础上运用工具变量分位点估计步骤，分析了2002—2006年中国276个地级市构成的面板数据，检验了地方政府在环境政策上的竞争和博弈行为，为我们理解财政分权背景下的地方环境政策提供了线索。张文斌和张理芃（2010）结合中国经济分权、政治集权的状况，运用两区制空间Durbin固定效应模型，对1998—2008年环境规制强度的省际竞争形态及其演变趋势作出了分析，为我国在未来一段时期内的环境规制分权结构设计提供了经验事实。朱平芳和张征宇（2011）在建立空间计量模型之后，用2003—2008年由中国277个地级城市构成的面板数据对理论命题进行实证检验，其结果表明国内地方政府为吸引FDI而导致的环境政策博弈显著存在，但环境规制对FDI的影响作用平均而言并不显著。由于环境污染具有负的外部性特征，因而治理环境污染需要政府规制，而开征环境税是一种最具效率和公平的规制手段。梁丽（2010）认为独立性环境税模式需要社会经济利益关系已经理顺、整体税制体系比较完善与税收管理水平较高的环境，针对我国目前经济仍处于增长时期、整个国家税制体系尚不完善的状况，现阶段我国比较适合采取融入性的环境税模式。现实中，很多欧洲国家通过改变方式成功地获得了"双重红利效应"，陆旸（2011）探讨了中国能否通过开征碳税以及减少个人所得税的方式创造出类似于欧洲国家的"双重红利效应"，他在VAR模型的基础上，模拟了中国的减排与就业双重红利问题之后，发现中国目前还难以获得减排与就业的双重红利，但是面对节能减排与经济结构调整的双重压力，改革税收体系以促进中国低碳经济的发展也不失为一种次优的选择。

(二) 生态环境的评价研究

近年来，国内外关于生态环境评价的研究越来越深入，提出了一系列评价方法、建立了很多评价模型和指标体系。国外治理生态环境的思想是前端控制，因而，国外在生态环境领域的研究重点在于战略环评和环境影响评价方面。在定性研究之后，国外学者初步建立了评估模型，这一阶段的研究比较重视方法模型的运用与探索：环境库兹涅茨倒"U"形曲线是生态环境与经济发展关系最著名的数量模型，美国经济学家里昂惕夫提出将废物治理部门引入投入—产出模型，分析了环境治理支付的成本费用、经济效益及对环境的影响。里德克曾对 1997—2000 年美国的废物增长率运用投入—产出模型进行过预测，提出了在人口和国民收入增长率提高时废物的增长率。Marco Trevisan（2000）利用 GIS 技术以意大利的克雷莫纳省为例，评价了农业行为对城市生态环境的影响。A. Cherp（2001）运用系统分析方法对中亚与中东欧国家进行了横向和纵向比较，并对中亚与中东欧国家的生态环境保护和评价的理念、方法做出了较为详细的分析研究。近年来，生态环境领域的学者进行了更全面、多角度的深入研究。U. M. Mortberg 等（2007）以瑞典斯德哥尔摩为例，运用 GIS 和 EDSS（生态决策支持系统）方法，首先研究了城镇化对生物多样性的影响，他们还建立了相应的指标体系和定量分析模型，最终得出结论并指出了减轻城镇化对生物多样性影响的途径。Leslie Richardson 和 John Loomis（2009）运用权变价值方法（CVM）模型和支付意愿（WTP）方法分析了美国珍稀濒危野生动物的经济学价值。Arild Vatn（2009）认为环境评价的方法应以制度为切入点，他从传播沟通、社会理性、法律机制等方面提出了评价方法的构建。Sigrid Stagl 和 Eneko Garmendia（2010）通过对欧洲三个资源管理案例的分析，提出了概念框架和实际应用经验，指出社会学习与公众参与对环境评价绩效的重要性。José A. Gómez-Limón 等（2010）选取了 16 个可持续性指标、使用了模糊聚类分析方法，运用复合指标系统对西班牙农村地区的农业可持续性进行了评估。

　　国内关于生态环境评价的研究可以分为以区域生态环境评价和城镇生态环境评价两大类。区域生态环境评价又可分为定性和定量两种方法，这里主要分析评述运用脆弱度计算法、层次分析法、综合模型法、生态足迹法和距离计算法等定量研究方法的文章。王根绪等（2001）建立了我国西北干旱区典型内陆河流域黑河流域生态环境评价指标体系，同时他还做出了评价分区，并运用景观空间格局分析法和综合模式法对黑河流域生态环境进行评价。潘英姿等（2005）运用 RS 和 GIS 技术手段对我国中东部地区水生态环境现状进行了全面评价，他们的研究以 Landsat TMP/ETM+数据为主要数据源，同时结合了地面调查结果。通过计算环境脆弱度进行生态环境的质量评价也是生态环境定量评价的一个重要方向。刘文泉（2002）等确定了黄土高原地区农业生产的气候脆弱性评估方案，主要依据是黄土高原地区的农业生产对气候变化的响应关系。王金叶等（2006）对广西的生态环境质量进行了综合评价，采用的方法是模糊综合评价法，其结果表明好与差的临界状态在广西生态环境质量上十分显著；影响环境质量的关键因素是森林植被减少和工业废水、废气排放。另外一种生态环境质量评价方法是将评价指标的实际检测结果与确立的标准进行比较。吴开亚等（2003）建立了3层次结构及23个表征指标的评价指标体系以确定标准值，并提出灰色关联投影模型法确定出样本的环境质量级别，将样本投影值与评价标准投影值进行比较分析。秦子晗等（2006）运用 AHP 和 GIS 相结合的方法对四川省生态环境做了评价，对各县市生态环境进行评价和等级划分主要用 AHP 法，其划分结果可从 GIS 系统中输出。

　　关于城市生态环境评价的方法和评价的指标体系较多，我们常采用依据评价对象的状况，在一定的原则指导下建立评价指标体系的方法，但是并未形成统一的方法和对应的评价体系。王静（2002）从生态系统的结构、功能和协调度3个层面，侧重于社会生态环境评价对城市的生态系统构建了指标体系。杨小梦（2003）运用因子分析法，对深圳的生态环境质量进行了综合分析。研究者主要选取的生态评价因子包括：水体、大气、噪声、酸雨、绿地覆盖率和人口密度。徐杰等（2006）对呼和浩特市玉泉区全域的生态环境状况进行评价，同时对敏感性进行了分析研究，关注了水土流失、土地沙漠化、土地盐渍化和生物多样性等，并运用GIS技术分析了玉泉区9个生态功能区存在的生态环境问题。钟泓等（2009）依据三个层面建立了城市生态环境评价指标体系：城市的结构、功能和协调度，比较分析了广西南宁、桂林和柳州三个主要城市的生态环境状况。

第四节 城镇化与生态环境胁迫关系研究

城市是人类文明的标志，是一个国家或地区在经济、文化、科技等方面所取得成果的一个集合和缩影。城市是人们经济、政治和社会生活的中心。城镇化的水平也是衡量经济发展所处阶段、社会组织程度和管理水平的重要标志。因此，国内外学者在研究经济与环境之间的协调关系时，大多首先研究城镇化与生态环境的关系。人类的经济社会活动，必然始于自然、用于人类、作用于自然。早期，人类对自然生态系统的索取远大于保护，比如过度开发、高污染排放等行为，这些行为必然带来生态恶化、环境污染。对于典型干旱区的河西走廊来说，生态环境恶化问题、水资源短缺问题与城镇化与生态环境之间的胁迫情况越加严峻。

一 城镇化与生态环境胁迫关系的国外研究概况

（一）国外研究的回顾

18世纪，随着蒸汽机的发明，机器生产一定程度上取代了人力生产，人类生产进入了第一次工业革命。然而，第一次工业革命也是一次能源革命，这个能源就是煤炭。随着人类对资源开采需求的增加、人类生产力的提高、人口逐渐向城市集中，人类向自然生态系统的排放和污染增加，自然环境发生了巨大变化，于是人们开始关注生存环境。生于1850年的英国城市规划学家Ebenezer Howard在很早就注意到了城市膨胀、生活条件恶化等问题，于1898年出版了《明日：一条通往真正改革的和平道路》[①]，从城市用地、结构布局、人口密度、绿化建设等方面提出建设城市的规划，这是人类历史上最早用理性的规划来协调城镇建设与生态环境之间的关系。Geddes在1915年出版的《进化中的城市》是另一部城市规划经典著作，作者从进化论的视角对城市发展进行了系统分析，主张城市规划需要建立在研究客观现实的基础之上，尤其强调地域环境对于城市经济发展和城市布局的关系。1925年，芝加哥学派核心人物Park，从社会心理学的角度研究城市出发，发表了《城市》，其提出了"城市绝不是一种与人类无关的外在物，也不只是住宅区的组合"，这本书中也提出了"同心圆说"。20世纪60年代，全球性的粮食、人口、环境、资源等问题日益突出，各学科都开始关注这一问题，城市化与生态环境之间关系的问题逐渐成为热点。R. Carson（1962）的《寂静的春天》运用生态学原理分析了化学药品和肥料会导致严重的环境污染，会破坏人类赖以生存的自然生态系统。Meadows（1972）的《增长的极限》利用系统动力学模型和计算机模型对世界人口和经济增长未来趋势进行了模拟和预测，提出了人口和实物经济会"过冲"，即意外而不是有意地超出界限，引发了人们对城市化和世界资源环境问题的普遍担心。1972年，"人类聚居地的综合生态研究"列为了联合国教科文组织（UNESCO）"人与生物圈"研究计划的重点项目之一。随后，20世纪80年代，在经济学、社会学、生态学和地理学等学科间兴起了关于城镇化及其与生态环境关系的研究，社会各界和组织也更加关注此问题。这一阶段除了从宏观局面、全球视角进行研究，也有学者从微观角度去研究城市化对环境的

---

① 后改名为《明日的田园城市》。

影响。比如国际森林研究组织联盟于1986年建立"城市森林"计划工作组，该计划工作组开展了一系列关于城镇化对森林破坏的危害的研究并致力于寻求解决办法；同年，世界卫生组织也将城市健康问题列入研究议题，展开了关于健康城市的研究；1987年联合国世界环境与发展委员会发表的《我们共同的未来》报告，该报告正式拉开了城市可持续研究的序幕。并举办了很多与该研究相关的国际学术会议，例如，1990年以来的国际生态城市大会、世界环境与发展大会通过了《21世纪议程》、1996年联合国人居环境大会以及举办"可持续城市指标体系研究"序列会议的国际城市环境研究所等。

（二）国外城镇化与生态环境交互胁迫关系的研究进展

随着城市人口数量的增加，城市规模的扩大，城市经济发展，对生态环境造成的污染和破坏主要来自城镇居民生活、生产活动。学者们主要在以下三个方面对城镇化与生态环境之间的关系进行研究：

一是研究城市化进程对生态环境的破坏，如 C. E. Graniel（1999）基于对墨西哥尤卡坦半岛的研究发现，城市化水平高的地区地下水污染程度也较高；Salman（2002）以印度为例进行研究，认为快速的城镇化和工业化使人均水资源可利用量日趋减少，且会导致生态退化；Luniak，Marsluff 等学者研究认为人为活动对水域有污染和破坏作用，进而使得依赖水域的鸟类较少，甚至有些学者认为人类扩大生产和集聚的行为即主要变现为城镇化的过程会造成当地物种减少甚至灭绝。有一些学者研究了城市化破坏生态环境的机理，如 Vemon（2003）认为对于城市发展来说存在一个与其拥有的生态环境条件相匹配的最佳人口规模，当人口数量高于这一理想规模便会对周围地区的生态环境产生压力甚至威胁；Hara（2005）以河流三角洲地区城市为例研究城市空间扩展对生态环境的影响，作者认为城市扩展必然使得原来城市边缘土地利用方式发生变化，这种急剧变化会引起严重的生态环境问题；Ahmed et al.（2019）认为城市化的推进将带来新一轮的卫生方面的挑战。二是研究生态环境对城市发展的约束和限制作用，如 Pathka

（1997）量化分析了不同水资源利用效率对城市化发展的约束程度，研究认为水资源短缺对城市化进程有影响；Ruth（2001）分析了生活用水、农业用水、工业用水和休闲用水等不同水资源利用方式下水资源对城市发展的约束与限制作用；Pouraghniaei（2002）认为城镇化会引发生态环境恶化，这使人们认识到环境和自然资源对发展具有约束作用，也使人们开始思考缺水等情景下的发展；Jurdi（2001）则从环境、制度和经济角度分析了生态环境对黎巴嫩的城镇化及工农业发展所产生的约束作用。三是关于城市发展及城镇化与生态环境关系的研究，如 Kok（2000）运用模糊集理论研究了印度尼西亚乌戎潘当地区的城镇化及其水资源决策支撑体系；Yujie Yuan（2018）在"脱钩理论"的基础上，利用解耦模型分析了生态系统和城市化之间关系的时空演变；U. M. Mortberg 等学者将 GIS 方法和生态决策技术相结合，对瑞典斯德哥尔的生物多样性和城市化的关系进行了研究；形成的理论主要有生态经济学理论（EE）（2000）、生态城市理论（EC）（2001）、关键性自然资产理论（CNC）（2003）、环境库兹涅茨曲线假说（EKC）（2004）等。

对于城镇化与生态环境交互胁迫关系及影响机理进行研究常用的方法有统计分析方法、系统动力学模型、3S 技术、神经网络模型、CA 模型、模糊集理论、引力模型、感知地图等方法。

在以上研究的基础上，国外学者和一些国际组织进行了很多的研究，致力于解决干旱区城市化和生态环境之间的矛盾。主要集中在两个方面：一是干旱区城镇化过程中的水资源优化管理模式的探索和可持续利用，如 1999 年在斯德哥尔摩召开的水资源学术研讨会明确提出了加强水资源使用需求管理；2000 年在新德里召开的水资源可持续发展国际会议提出解决水资源短缺的重点应该放在完善管理、健全政策、提高效率上；Daniel（2000）等人构建了包括经济发展、社会文化、技术因素、公共卫生等方面指标的水资源可持续利用评价体系；Samuel J.（2010）等人研究了水库水资源的可持续利用管理策略。二是干旱区城镇化过程中的如何进行生态建设与环境保护的研究，如 Dae-Sik（2003）等人认为在城市周围设置绿化带可以有效防止城镇化的无序蔓延和生态影响；Portnov（2004）强调适当规划和科学调控在城市建设中的重要性；Khanna（2004）提出了包括环境政策、治污技术、公众认知三位一体的提高城市环境保护能力的方案，重视政府、公众等多方主体在环境保护中的力量；Sun（2018）研究认为紧凑增长模式是城市提升生态系统服务的有效策略，同时强调生态工程在提升生态系统服务方面的重要性；Santamaria（2019）从可持续视角出发，综合考虑现代城市发展阶段、发展方式和生态环境的多样性和禀赋特点，为未来城市规划和管理提出建议。

二　城镇化与生态环境胁迫关系的国内研究概况

（一）国内研究的回顾

"道法自然""仁爱万物""天人合一"等精辟论述都道出了中国古代鲜明的生态伦理观，中国古代城乡建设的思想基础都来源于这些观点。早在战国时期，秦国的商鞅、魏国的李悝等人就指出，城市选址是需要考虑山林、草地、低地、水域、农垦地等多种因素的。由于我国历史的特殊性，我国现代意义上的全面城镇化推进起步较晚，相对应地对城镇化与生态环境关系的研究也起步晚，但是我国城镇化推进较快，尤其是改革开放以后，所以我国对城镇化与生态环境关系的研究如火如荼。国内强调城镇化过程中的环境保护始自于 20 世纪七八十年代。80 年代是生态经济学研究的起步阶段，马世骏等人提出复合生态系统的思想：社会—经济—自然（SENCE‐Social‐Economic‐Natural Complex Ecosystem），之后掀起研究热潮，中国城镇化及其生态环境关系问题成为社会各界关注的重点。90 年代中期后，随着经济发展的加快和环境问题的凸显，城镇化向高级阶段演进的必然要求是可持续发展，可持续发展便是自这个时期以来研究的热点。

1972 年，中国加入了国际性组织 MAB，正式参与人类生物圈保护和研究，也开始关注我国尚不严重的生态环境问题。随后，我国第一次全国环境保护会议于1973年召开，这次重要会议揭开了中国环境保护事业的序幕，大会的主要成果是制定了环境质量标准和工业企业污染物排放标准。

20世纪80年代是我国生态经济学研究的起步阶段。1980年，揭开了中国创建生态经济学研究的序幕，标志是经济学家许涤新发起召开的生态经济座谈会。1982年，首次跨学科探讨了生态环境与经济协调发展，标志是当年我国召开的首届生态经济科学讨论会议。1984年马世骏开创了城市生态学的新理论，提出了社会—经济—自然复合生态（SENCE）思想。在实践方面，北京、天津、广州、南京、昆明等地在SENCE思想的引导下，开展了环境污染的调查和预防、生态环境保护策略等方面的研究和实践。1986年，地理学家吴传钧认为协调好人地关系是当前最迫切的问题，提出了人地关系协调论。到了80年代后期，中国城市生态经济理论研究的主流是生态经济协调发展论和可持续发展论。

90年代之后，随着我国经济发展和环保方面觉悟的提高，城市可持续发展被提上日程，成为很多城市兼顾经济发展和环境良好的必然选择，是城市发展的未来蓝图。1998年8月，中国科学技术协会主办了主题论坛，主题确定为"城市可持续发展的生态设计理论与方法"，吸引了来自我国大陆、香港及国外（美国、日本等国）的青年科学家参加，研究的热点聚焦在生态城市、健康城市和卫生城市等。在实践方面，1992年联合国环境与发展会议之后，我国先后制定了《中国21世纪初可持续发展行动纲领》《中国21世纪议程——中国21世纪人口、环境与发展白皮书》等重要文件。进入21世纪，相关研究更为活跃，研究的领域更加广泛，研究的内容更加细化、深入，一系列应对措施和建议也应还而生。

（二）国内干旱地区城镇化与生态环境交互胁迫关系的研究进展

国内主要有以下三方面的内容。

1. 对于干旱区水资源紧张及生态恶化原因的认识

当前有两种不同的看法，一种是认为自然气候条件的变化和水资源的天然不足是主要原因，人为开发利用只是加速了干旱区生态环境的恶化，另一种则认为人类的行为是导致水资源短缺和恶化的主要原因。对于人为因素的研究，程国栋（2002）、金自学（2003）认为内陆河流域中下游水位下降、生态退化的一个原因是中上游引水过量；蓝永超（2002）、高前兆（2004）等认为导致环境恶化和水资源短缺的主要原因是人类水资源使用方式不当、污染排放过量、污染治理不力等行为。

2. 对城镇化与生态环境交互胁迫过程的研究

不同学者依赖的理论基础和所选用的模型不同，然而通过对文献的梳理可以发现，有两个理论为很多学者所用，分别为系统科学理论和环境库兹涅茨倒 U 形曲线。借助系统科学理论的研究主要为引入了物理学中常被用来量度两系统之间互相依赖程度的概念"耦合"来研究城镇化与生态环境两系统之间的关系。国内最早由刘耀彬（2005）、方创琳（2005）用来耦合分析城市化与生态环境的关系。如方创琳、乔标（2004）等人运用耦合协调模型，推导出城镇化与生态环境交互耦合的双指数曲线，并对河西走廊 1985—2003 年的耦合协调状况进行评价分析，总结认为会经历五个耦合阶段、存在九种基本耦合类型。此后，李鸣骥（2007）、唐志强（2014）、王长建（2014）、孜比布拉·司马义（2011）、李松霞（2017）等学者有基于省域、市域，也有基于经济区范围对西北干旱区城市化与生态环境耦合关系进行了研究。借助于环境库兹涅茨曲线假说的研究多以经济规模较大、较为成熟的中东部地区为案例，但是对干旱区城市发展依然具有借鉴意义。如沈满洪等（2000）选取了浙江省 1981—1998 年浙江省人均 GDP 与工业

"三废"之间的关系进行分析得出的曲线有别于传统的环境库兹涅茨曲线，表现为先是倒 U 形、后是 U 形的波浪式或称为 N 形曲线；陈华文等（2004）针对环境库兹涅茨曲线假说，应用上海市 1990—2001 年人均收入与环境质量之间的关系进行验证发现环境库兹涅茨曲线假说成立，但是不同的环境质量指标的转折点不同；魏民（2019）在构建生态环境质量评价指标体系的基础上，运用河南省 1998—2017 年数据探究了生态环境质量与人均 GDP 之间的 EKC 表现形式，分析得出的规律与传统库兹涅茨曲线变化趋势相吻合。除了这两类之外，也有学者基于其他理论对城市化与生态环境之间的关系进行研究，如宋永永基于生态环境供需状态响应模型对黄土高原 341 个县级行政单元 1990—2015 年的城镇化水平与生态环境空间格局响应进行测度和剖析，最后设计了黄土高原城镇化与生态环境优化调控模式。

3. 城镇化的空间推进和发展模式研究

早期的城市发展多为资源驱动型、工业主导型，具有资源消耗量大、污染治理不透彻、资源利用较为粗放等特点，在资源和空间有限的条件下必然会引发一系列城市病，并导致城市运行效率降低，所以在城市发展到一定阶段，城镇化的发展模式就必须进行相应的调整和优化。目前国内专门研究干旱区的城镇化发展模式的成果并不多。方创琳（2004）认为河西走廊最经济、最节水的城镇化发展方针为禁止发展特大城市，有选择地培育一个大城市，积极发展中小城市，科学发展小城镇；玉山江·买买提（2016）对新疆的城镇化和产业结构演进分析发现第二产业是新疆城镇化的主要动力因子。方创琳、李广东（2015）在对西藏新型城镇化的特殊性分析的基础上，提出适合的城镇化模式：就地就近镇民化的渐进城镇化模式，规模上以小城镇为主导。总体上，关于干旱区城镇规模的研究有两类观点，一类认为应该以小城镇为主，可以大量吸纳劳动力，一类观点认为较多的城镇会占用较多的耕地，且资源效率低，应该采取相对集中的发展模式。

第三章　相关概念与理论基础

第五节　研究评述

纵观国内外关于城镇化、生态环境及城镇化与生态环境之间的胁迫关系研究，不论是从研究视角、切入点看，还是从研究的广度与深度看，单独对城镇化与生态环境进行的研究比较丰富，而关于城镇化与生态环境胁迫关系的研究则比较少。由于关于前两者的研究述评比较多，这里主要评述两者之间的胁迫关系。根据第二章第二节的梳理可知，国内外学者在该领域的探索研究最初都只注重单一的方面，要么关注经济发展，要么关注单纯的环境保护；后期研究向可持续发展、协调发展方向延伸，现阶段对于该问题的研究内容不断多元化、研究深度不断拓展。国外学者从环境学、城市规划学等角度出发，提出了田园城市理论、有机疏散理论、"零增长"理论、城市生态学理论等，也可以看出早期研究过程中，主要强调的是环境保护。到了20世纪80年代，在研究方法上多以描述性、概念性的实证研究为主，但研究视角则开始从系统论角度来研究城镇化进程中与生态环境的协调发展。我国一些学者在比较了中国与西方发达国家差异的基础上，提出了适合我国国情与发展阶段的生态城市建设道路，使得中国的城镇化与生态环境之间表现出与西方研究不同的特点：一是强调高效率的适度投入。西方国家目标是通过高投入实现生态环境的快速好转，因为西方国家环境保护的背景是工业化高度发展，资本积累和城市基本建设已经完成。而我国在资本积累和基础设施建设尚未完成、工业化也处于快速发展与扩张的阶段，就要面对并协调日益严峻的生态环境问题，所以我们既要尽快实现资源的高效利用来提高效率，也要积极补充生态环境建设与恢复费用。二是强调政府作用。与西方国家以市场手段为主导来处理城镇化与生态环境的关系不同，我国在城市环境保护方面较重视政府的规划调控作用。

国内外学者基于不同区域、运用不同方法、依据不同理论已经对于干旱区城镇化与生态环境关系这个问题，进行了大量的研究、探索和总结，在理论上形成了丰富的成果。这既为进一步研究干旱区城镇化过程中遇到的生态方面的问题提供了重要启示，也为干旱区城镇化可持续发展模式的提出奠定了重要的理论基础。然而，当前的研究仍然存在一些薄弱环节。

一是干旱区城镇化与生态环境系统的演化机理尚未明确。干旱区具有水资源匮乏、生态环境脆弱、城镇化速度快等特点，而当前将这些特点都纳入研究框架内分析城镇化和生态环境演化机理的研究较少。

二是实证研究较多，规律总结较少，至今尚未形成独立的理论体系。当前的研究多是对某一区域的实证分析，少有人总结具有普遍性的城镇化与生态环境之间交互动态响应的规律。

三是缺乏对不同情境下的城镇化及其生态响应过程的模拟和预测，尤其是对干旱区城镇化与生态响应互动的模拟。

四是生态环境约束下的城镇化可持续发展模式的研究较为薄弱，尤其对干旱区的研究较少。

第四章 河西走廊地区城镇化过程及其与生态环境的关系

第一节 河西走廊地区城镇化过程中生态环境的演变

城镇是伴随着社会分工的发展和国家的出现而出现的。一个地区的自然条件和社会经济条件的发展对城镇发展过程产生影响,而城镇的发展反过来也会影响、制约该地区的自然条件和社会经济环境。因此,研究城镇形成、发展的影响因素、发展演变规律及其与生态环境之间的关系,对于经济发展、城镇体系规划布局、生态环境的保护和可持续发展都有重要意义。

一 河西走廊地区城镇化与生态环境的演变过程

河西走廊地区位于东西交通干道的咽喉地带,加上特殊的水土资源结构,宜牧宜农,属于农牧交错地带,但是,河西走廊地区的开发利用方式在不同时期受到农耕与游牧两种文明形态影响的程度不同。当中原王朝(两汉、隋唐、明清)控制河西走廊地区时,该地区受农耕文明影响较大,这是因为考虑到国家的统一与社会的安定,政府通常会采取移民戍边或屯田等方式发展河西走廊地区;同理,当游牧民族在该地区的争斗中占上风时,该地区受游牧文明的影响较深,这是因为游牧民族将中原王朝的势力排挤出河西走廊地区后,有大力发展畜牧业的意愿与能力。这两种不同的生产方式会对城镇的产生、发展以及生态环境造成不同的影响:中原王朝控制该地区时,政府通常采取的移民戍边政策使得河西走廊地区的人口激增,有较高生产率的农业生产可以养活更多的人口、有利于城镇的产生,但是人口的快速增长会对生态环境产生压力,如大规模的引水灌溉会造成河流水量的减少,而河流水量的减少会导致下游断流,甚至河流的萎缩与干涸。与农耕生产方式形成鲜明对比的是,西汉武帝之前畜牧业生产占优势时,对生态环境的压力较小,而西晋至唐初的 400 年与安史之乱之后至元约 600 年期间,由于中央政权灭亡或者无力控制河西走廊地区,区内通常是战乱不休、开发受阻,社会不再稳定、城市遭到破坏并失去了发展的社会经济基础。本书主要分析城镇化过程及其与生态环境的演变关系,因而仅分析两汉时期(西汉武帝至西晋的 400 年)、隋唐时期(唐初至安史之乱的 100 年)、明清时期及现代经济时期城镇化的发展与生态环境的关系。

(一) 传统农牧业经济时期河西走廊地区开发过程与生态环境演变过程

1. 两汉时期

秦汉之前以及秦汉初期相当长的时间,匈奴、月氏、乌孙和羌等游牧民族在河西走廊地区生活着。走廊南山—祁连山北麓山体的冰川融雪孕育的绿洲为游牧民族提供了理想的天然牧场,他们"逐水草"而牧、"无城郭常处耕田之业",这种不定居的放牧方式实际上无意识地形成一种休牧制,并且相对封闭的游牧社会系统能够自发控制人口规模,进而起到抑制过度放牧的作用,从而保证该地区的畜牧经济可以持续发展。

由于匈奴冒顿单于对河西走廊的占据阻断了汉与西域诸国的联系、威胁到了高原南部的广大农耕地区,公元前 121 年(元狩二年),汉武

第四章 河西走廊地区城镇化过程及其与生态环境的关系

帝派骠骑将军霍去病两次出击匈奴"将万骑出陇西",迫使匈奴退出河西。为了巩固这一地区的统治,汉武帝决定开发河西,先后采取军屯、移民和设郡3条措施。军屯:"因田致谷,因地为粮,因民为兵,因屯为守","无事则以之为农,有事则调之为兵"。移民:据居延汉简载,始元二年(前85)一次派往居延的田卒就达一千五百人,且年龄大多都在20多岁,这些人开渠筑坝、引水灌溉,移民带来了内地先进的农业生产技术,使"代田法"得以推行、农耕区得到扩展,这一时期河西农业重点开垦区在石羊河流域。设郡:据《汉书·地理志》记载,"初置四郡,以通西域,隔绝南羌、匈奴",汉代先后设酒泉、武威、张掖、敦煌四郡35县,比现今的19县多出一倍。据《汉书·地理志》载,河西四郡在西汉时有6万户,人口28万人,凉州(今武威)是当时河西走廊最繁华、富庶之地。河西4郡35县是古代的城镇,它们的出现不仅仅是军事和政治的需要,更是经济发展和贸易往来的结果。

军屯、移民和设郡等政策的实施,保证了农业生产所需的人力资源,使河西走廊地区的农业经济有了很大发展,但是也带来了负面影响。首先,内地的移民从事的农耕会对局部的植被造成直接破坏,加上游牧部落受汉人影响,到汉代中后期放弃了不定居的放牧方式、实行畜群的固定放养,这加深了对生态环境的破坏,同时,定居的游牧部落为了满足日常生活的需求而广伐新草的行为,加剧了植被破坏速度,因而,生态环境系统的调节功能日趋降低而脆弱性日趋加强。其次,东汉时期,我国气候经历了由暖向寒的转变,气温的下降使得祁连山融水补给的河流流量骤减,下游开始缺水,进而使得部分屯区耕地的灌溉需求难以满足,加上脆弱的生态环境局部恶化后所致的干旱灾害,这些屯田区被迫放弃,而石羊河下游的武威郡也被迫迁至中游。再次,恶化的区域不但没有得到治理,反而遭到进一步的破坏,且破坏的规模迅速扩大。虽然环境的恶化引起了政府的注意,曾诏令保护林木、进行生态环境的治理,但是对于生态已经恶化且不是"用功省少,粮饶足"的区域,通常强制性让民众迁徙而不加以治理。遗弃的屯田区与牧区很快被沙漠吞噬、范围不断扩大，及至魏、晋时期，沙漠化面积已达1680平方千米。生态环境的恶化致使走廊内的农耕区和畜牧区南移，即从三大流域的下游向中上游移动，西汉时的武威郡在今民勤县东北，到东汉时已迁徙到今武威县所在地。

2. 隋唐时期

两汉之后，随着游牧部落不断内侵、渗透，汉人或被屠杀或被同化或逃归内地，农业人口锐减，农业社会系统日益遭到破坏，而畜牧业得到广泛推广。这种状况持续至隋唐时期，随着隋唐对西北地区统治的加强、丝绸之路的再度开通，河西地区进入了继汉朝之后的又一次开发高潮，农业社会系统得以重建。

隋炀帝多次派兵进攻吐谷浑以打通西域朝贡之路，为了加强对西北地区的控制，曾在包括河西走廊在内的地区大规模实行屯垦。由于用来发展屯垦的人口主要来自一直习惯于畜牧业的民众，而不是像汉代一样从中原迁徙而去者，所以隋代在河西走廊地区的屯田并未取得成功。隋代对河西走廊地区的经营主要是发展商业贸易，如公元609年，隋炀帝西巡，在张掖焉支山召见西域27国使者，场景盛大，这也是政治经济和文化交流的重要事件，河西走廊地区的农业情况较南北朝时期有所扩大，但仍然"土旷民稀"。

唐代河西走廊地区的农业经济得到进一步的发展，并取得了一定的成效。由于唐初真正为唐所控制的区域很小，故郭元振任凉州都督时，于大足元年（701）在今民勤县东北设置了白亭军，以防止突厥和吐蕃的进攻。为了减轻从外地运粮的负担，河西走廊地区开始招募中原人口来推进农业开发进程，在凉州（今武威）、甘州（今张掖）进行大规模的屯田水利开发，发展生产。据《通典》记载，天宝八载（749），河西走廊地区屯田收入占全国总收入的13.59%，而和籴仓储量占全国的32.6%，常年仓储量更是高达36.1%，因而，内地受灾后会从河西走廊地区调粮接济。天宝年间，河西走廊地区各郡记载人口有162086人，由于各郡编户数目仅录户籍人口及编户齐民，即定居的从事农业生产的汉人或者汉文化程度较高的其他部落，所以户口统计时存在一定程度的"漏口"问题，加上河西军屯的98屯、编户之外招致而来的流民和浮户、僧尼人口等，粗略统计河西走廊人口当在30万人左右。安史之乱后，河西逐渐衰落，逐渐步入农牧业并重的时期。

隋炀帝西巡征讨吐谷浑，当40万大军浩浩荡荡行军至祁连山深处的今青海峨堡作战时，就地伐木筑营、取薪、维修车辆，这次大战和驻军使峨堡原始森林受到毁灭性的破坏。"新置者并取荒闲无籍广占之地"在《通典》卷二《屯田》中有明确记载。这表明在当时，新来的屯田者耕种的土地并非原有农田，而是重新开垦的荒地。根据推理，这些新开垦的田地必然要靠近水源，可判断出其地在今张掖一带，张掖正好处在黑河流域中游地区，具有较好的地表植被，而在汉代也有大规模农业开发的下游居延绿洲地区已经没有多少农业开发的迹象了。农业开发在空间上变化的原因在于两汉时期大规模的农业开发导致的生态退化、土壤沙化。唐中后期，凉州"七里十万家"的繁荣景象已有部分地区演变为"凉州已往，沙碛悠然"的荒凉状态，表明这时的沙漠蔓延已较为明显。安史之乱之后，吐蕃占领河西走廊地区，屯田开垦的土地遭到抛弃，由于土质疏松且多沙，加之地表裸露的季节少雨多风，周围是大面积荒漠，沙漠化程度进一步加剧。

3. 明清时期

在汉唐经营的基础上，明清时期的统治者对河西走廊地区进行了全方位的开发，实行"给军屯垦""募民垦田""田利大兴"等措施，大力垦辟土地、兴修水利、发展畜牧业。为保证驻军粮食的供给，明朝在区内实行军屯与民屯相结合的屯田制度，并始终贯彻以战保耕、以耕促战的思想，还制定、实行一系列奖惩措施以激发人们开展农业生产的积极性，如新垦土地"岁不征科""量地力而区别征科"的低税政策、用国库银两无偿为农民提供籽种、农具、耕牛等生产资料，为了在战后恢复生产，清朝在河西走廊地区实行奖励屯垦政策的基础上，制定了一套严格的奖惩制度，并充分利用了当地的自然条件，农业生产得到更大的发展。河西走廊地区干旱少雨的气候特征与祁连山丰沛的冰雪融水决定了发展农业必然兴修水利。明朝建立之初，朱元璋就派朝臣巡视河西走廊的水利，嘉靖时，水利的兴修达到高潮，持续的水利建设使得河西走廊地区出现了"野沃泽饶"的景象，坝渠周围土地的亩产量得到显著提高，"金张掖、银武威"之说即始于明代，源于水利。清朝，石羊河、黑河与疏勒河流域均大兴水利，《五凉全志》载有："凉州附郭武威……田肥美，民殷福"，由此可见河西走廊地区的兴盛。明清时期，政府还在河西走廊地区设置马场，一方面满足了土地开发和农业经济发展所需要的畜力，另一方面也满足了战争对马匹的需求。

　　明清时期的开发，一方面有力地促进了经济发展，然而在另一方面则造成了生态环境的日益恶化。首先，植被的破坏引起生态的变迁。历代河西走廊地区的开发过程中由于屯垦、樵采行为导致植被越加稀少，明代的民族战争、樵采等行为进一步大大降低了祁连山区的森林涵养水源能力和水土保持能力；清代大规模的移民屯田开发行为加剧了森林破坏，对涵养水源和绿洲农业产生了严重影响。明朝屯田军士有采草养马的任务，河西走廊地区的屯军数量多、纳税任务重，这对绿洲及周边地区的植被会造成严重的破坏；清代由于人口数量的剧增与"摊丁入亩"政策的实施，植被的破坏程度有增无减。这一时期政府虽颁布了禁止樵采的政策，但是禁令松弛、并未坚持实施。其次，不合理的水利开发致使尾闾湖的萎缩乃至消失。石羊河尾闾湖是潴野泽（又称休屠泽，今民勤青土湖）在自然水系时代东海湖和西海湖湖面总面积达540平方千米，自汉代湖水量开始减少、湖泊开始萎缩，湖泊水量的平衡关系被大量的农田灌溉用水破坏了。至清代乾隆年间，中游地区的移民屯田使上游来水锐减，下游湖泊的水量骤减，西海湖面积已不足70平方千米，东海湖面积约为140平方千米，较之汉代又减少了100平方千米；黑河下游的终尾湖居延海在史前面积最大曾达2000平方千米，一系列的屯田，加之河道变迁使得湖泊面积不断萎缩，东居延海 1963 年干涸、西居延海也于 1992 年干涸；拓垦与大量的引灌也造成了疏勒河下游冥泽的消失。再次，过度的屯垦移民造成土地的超载。明清对河西走廊地区的大力开发，使得大量荒田被开发，耕地面积持续增加、人口数量不断增长，如嘉庆年间河西走廊地区人口激增，高达 280 万人。在适宜农耕的土地被开垦完毕之后，为了缓解区内土地难以养活持续增长的人口的尴尬局面，开始开垦"板荒碱滩"之地。日趋膨胀的人口及开垦、樵采，加剧了沙漠化进程，明清时期形成的沙漠化土地高达 130 平方千米。

总的来说，在两汉、隋唐与明清时期，此阶段的封建王朝对于河西走廊地区的开发极大地推进了当地社会经济的发展，经过这些历史时期的开发，一方面保证了当地军民百姓的生活稳定，另一方面还发挥了促进内地经济发展、保证边疆稳定与民族融合的宝贵作用。但是由于相对落后的农业耕作方式、人口激增与过度开垦导致的植被破坏，加上战乱频发与农牧的频繁交替，造成了河西走廊地区生态环境的变迁，以祁连山的森林砍伐为例，祁连山松林在清代中叶时屡遭破坏，造成春末融化的雪水暴涨以及夏秋季节河流水量过小，一暴一小，又形成了水旱灾害。

（二）现代工业经济时期城镇化的发展历程及其与生态环境的演变

河西走廊地区现代意义上的城镇化始于中华人民共和国成立之后，改革开放之后尤其是 20 世纪末的西部大开发为河西走廊地区城镇化的发展提供了千载难逢的发展机遇。在最初的不合理开发之后，人们开始认识到可持续性发展的重要性，应通过调整优化经济结构，提高经济增长的质量和效益来增强整体竞争力，改善生态环境质量来实现可持续发展。

1. 中华人民共和国成立后至 20 世纪 90 年代末

中华人民共和国成立以来，对河西走廊地区的开发无论从深度上还是在广度上都是以前无法比拟的，区内经济有了巨大的发展。中华人民共和国成立初期，近代工业的70%都分布在东南沿海地区，西部地区十分落后，为了改善生产力分布的不均衡状况，第一个五年计划提出将一部分工厂迁移到接近原料的内地地区。在中央政策的推动下，河西走廊地区走上了漫长的复兴之路，但是由于国际国内形势与国家政策的波动，直到改革开放之后，区内才进入持续稳定的发展阶段。河西走廊地区旅游资源丰富，在钢铁、有色金属等矿产资源开发，农产品加工和国防军工方面有较强的基础和一定优势，是国家西部经济建设和国防建设的重点地区。在河西走廊地区先后建成了我国最早的石油基地（玉门），重要有色冶金基地（金昌）和西北地区最大的钢铁工业中心（嘉峪关），形成了有色冶金工业基地和航天军工基地。河西走廊地区作为重工业初加工基地，受国家直接干预控制的国有和集体所有重工业企业占绝对优势，而非公有制经济的发展则受到抑制，工业结构严重失衡。从工业内部看，具有绝对优势的国有重工业企业属于资本与技术密集型企业，对劳动力的吸纳能力有限，这一不合理的产业结构成为城镇化发展的重要障碍。

为了保证粮食供给，充分利用河西走廊地区丰富的光热资源，中华人民共和国成立后将该地区发展为全国十二个商品粮基地之一。为解决水资源时空分布不均衡的问题，中华人民共和国成立后，一系列的水库在河西走廊地区三大内陆河的57条支流上相继建成。其中包括大型水库2座——双塔堡水库和鸳鸯池水库；也包括19座中型水库以及123座小型水库，如大草滩、黄羊河、红崖山、双树寺等水库。在调蓄保灌方面这些水库虽然发挥了重要作用，但是生态影响也不容争辩。如山丹河上修建的祁家店水库属于黑河支流，由于水库的建成造成了河水断流，后果就是导致了沿河两岸大片植物枯死以及地表沙化。红崖山水库建在石羊河上，地表径流基本被中游地区用尽，导致水位急剧下降，进而导致民勤盆地的地表植被枯死和地面下沉。疏勒河安西以下河段断流、部分土地沙化的主要原因就是双塔堡水库建设。1997年新建的昌马水库使得疏勒河下泄水量进一步减少，使瓜州县桥子灌区的地下水位下降,红柳、天然草场和人工草场大面积干死。20世纪90年代,误认为河西走廊地区拥有大量水土资源,可通过水利灌溉等方式开发区内的81.9万亩荒地,安置甘肃省中部干旱地区和南部高寒阴寒山区的11个县的20万移民,以实现"兴西济中、扶贫开发"的战略,但是移民种植的土地大都是天然草地、荒草地、沙地和盐碱地等不宜开垦的土地。

2. 西部大开发战略实施之后

中央根据我国区域发展宏观态势的变化,在党的十五届四中全会上(1999年9月22日)正式提出了旨在加快中西部地区发展的"西部大开发"战略,西部大开发的重点在"两带一区"——西陇海兰新线经济带、长江上游经济带和南(宁)贵(阳)昆(明)经济区。河西走廊地区属于西陇海兰新线经济带上甘肃段的重要区段,区内资源富集而经济落后,它在产业链条方面只能服务于中、东部相对发达地区,在资源型原材料等方面也只能服务于中、东部产业结构等级相对较高地区,但是河西走廊地区已经培育并形成了一批具有优势和特色的区域性支柱产业、综合技术开发项目与龙头企业,如大型现代工业企业有酒钢集团和金川公司,核工业404厂和资源开发加工为主的玉门石油管理局等。自西部大开发战略实施以来,国家通过制定规范的转移支付制度加大了对河西走廊地区的投入,优先安排基础设施和资源开发项目,河西走廊经济区的投资环境得到了改善,科技和对外开放水平进一步提高,进而促进了整个区域的开发和发展。河西走廊地区已成为甘肃全省经济增长最主要的区域动力源,也成为区域工业集聚地和主要农产品生产基地。

河西走廊经济区是一个自然资源丰富,但生态环境比较脆弱的地区。国家实施西部大开发战略之后,将生态保护与生态建设放在了首位,虽然在生态环境的保护与可持续发展方面有了一定的成效,但仍然存在不足。在土地资源的开发方面,考虑到河西走廊地区总面积虽然很大,但是能开发利用的绿洲仅占6.5%,而耕地面积占绿洲面积的比重为58%，人们逐步认识到河西走廊地区资源的可持续利用问题及过度开发对生态环境的负面影响，对20世纪90年代提出的从陇中迁入20万移民、新开垦81.9万亩荒地的项目作了中期调整，将新垦土地面积由原计划的81.9万亩缩减为40.82万亩，移民规模由20万人缩减为7.5万人。

在水资源的利用方面，由于三大流域的城乡、工农业、经济与生态发展都需要用水，因而用水矛盾比较突出。黑河、石羊河与疏勒河均缺乏统一的管理和严明的水利制度，各河段之间用水缺乏统筹规划，上中游"先下手为强"的过度用水，导致下游地区可用水量越来越少，以石羊河为例，按照《石羊河流域水利规划》，每年地表水量最低位2.3亿立方米要从石羊河分配给民勤县，但是2002年统计的实际水量却仅仅只有0.84亿立方米，且上游来水量有逐年递减的趋势。为维持工农业生产和生活，下游地区采取"饮鸩止渴"的方式大钻机井，超采地下水行为的直接后果是地下水位的下降及水质的恶化。1998年11月，国家颁布实施《全国生态环境建设规划》，规划中将全国生态环境建设划分为八个类型区域，"三北"风沙综合防治区属于其中之一，河西走廊便是西北风沙防护的核心区域，属规划中优先实施的地区。河西走廊地区按"控制蔓延—改观生态—建立良性系统"三步走的策略恢复重建生态环境，具体时间节点安排为：2010年以前主要目标为控制水土流失与沙漠化的蔓延，遏制人为因素；2011—2030年力争改观生态环境，2031—2050年建立起良性生态系统，以适应区域可持续发展的需要。河西走廊是西北重要的生态安全屏障，生态恢复和保护的任务重大而艰巨。然而，河西走廊可以以生态建设为契机，调整产业结构、升级生产技术、增强民众环保意识、发展生态型产业，变资源约束为经济优势，走可持续发展之路。

在交通建设等基础设施方面，河西走廊全区的5个地级市和15个县级城镇，沿线分布特征非常明显：几乎全部沿主要交通干线呈串珠状分布，从东向西将天祝—古浪—武威—永昌—金昌—山丹—张掖—

第四章 河西走廊地区城镇化过程及其与生态环境的关系

临泽—高台—酒泉—嘉峪关—玉门等通过国道215、227、312、313线和兰（州）新（疆）铁路串联成一线，其余8个县通过其他干道网相连，这些县城也都与上述城镇群毗邻。然而，河西走廊经济区内部开发程度低，这一地区远离我国经济比较发达的东部地区是无法改变的事实。1999年西部大开发战略实施之后，很大程度上改善了河西走廊地区落后的交通条件，更多的资金支持投向河西走廊地区的基础设施特别是交通基础设施建设，使之成为西北地区最重要的陆上对外通道，把区位优势转变为现实。其结果是加强了河西走廊地区与西部其他省区以及与中部和东部地区的分工与合作，也推进了河西走廊地区内部的经济合作，更充分发挥了河西走廊地区的特殊区位优势，从而为河西走廊地区生产要素在区域内外的流动提供了良好的外部条件。

3. 河西走廊星火产业带发展战略计划制定与实施之后

2001年10月，科技部组织安排并带动地方重点实施八大"星火科技燎原行动"。为解决三农问题、建设社会主义新农村，甘肃省于2003年启动了河西星火产业带建设。兰州、武威、金昌、张掖、酒泉、嘉峪关等组成河西走廊星火产业带，这是适应甘肃省农村发展新形势，解决"三难"（农产品销售难、农产品价格提升难、农业投资和新技术应用难）、服务"三农"（农村稳定、农业增效和农民增收）、加速"四化"（农业产业化、农村城镇化、农村信息化、农民知识化）的一项战略任务。通过以点促面、以面建带、点面带结合，最终形成经济增长轴线。这是一条辐射西陇海兰新线甘肃段以及陇东南的经济增长轴线，能带动河西走廊的经济和社会发展。符合现阶段改造和提高传统产业，实现农业现代化、农村城镇化和农民知识化的发展目标规划。实现农业生产的提质增效，更加注重质量效益；从主要面向国内市场，向面向国内、国际两个市场，国际国内双循环转变；从以经济效益为单一目标，向经济效益与生态协调目标转变；从以资源掠取开发为主，向"市场开发+生态环境改善"综合协调发展转变。

近十年来，河西走廊地区的建设以祁连山水源涵养林、农田防护林、防风固沙林建设为基础，以科技进步支撑河西走廊特色优势产业发展为主线，加强河西走廊地区的农业科技创新能力，并推动科研成果转化，将成果应用于农业生产。大力推广先进适用技术和现代农业生产技术，注重生态环境保护与节水，重点推动企业技术进步和产业集群发展，加强农民就业技能和生产技能培训，不断推进农村地区的科技服务体系建设，取得显著成效。星火产业带特色优势产业发展势头良好：制造产业、啤酒原料产业、草畜产业、高原蔬菜产业等优势产业技术水平不断提高；棉花产业、食用菌产业、高原冷水鱼产业和酿酒葡萄及鲜食葡萄等新兴产业蓬勃发展；百合产业、金盏花产业、小球藻产业和螺旋藻产品等特色产业及产品不断壮大。以敦煌为旅游龙头城市，敦煌—嘉峪关—张掖旅游线路为抓手，综合开发沿线自然景观资源和文化旅游资源，促进旅游产业的发展。河西走廊具有丰富的自然景观资源和文化旅游元素，如丝路文化、冰川、雪域、戈壁、沙漠、观光农业等，具有独特的地域属性。在农业生产领域，改善农业灌溉体系，降低农业生产的水耗，建成节水型农业示范区；抓好粮棉油畜等细分领域的龙头企业培育，发挥河西走廊农产品优势，提升市场份额和影响力；促进生产、供应、销售、技术、工艺、贸易一体化的产业化经营；最终实现以节水灌溉、特色农业、观光农业、农副产品深加工等为重点，建设农业科技示范区。

纵观河西走廊地区的开发历程及生态环境的演变，在传统农牧业经济时期，历代政府对该地区的开发多重视边疆稳定，河西走廊政治、军事地位决定了重稳定、重政治军事安全而轻生态保护；中华人民共和国成立后至西部大开发之前，考虑的是生存保障，一直强调要发挥河西走廊地区商品粮基地的作用，在该地区大规模修建水库，也造成了生态环境的破坏；在西部大开发战略实施之后，认识到了河西走廊地区生态环境脆弱与资源分布不均的特点，开始因地制宜地实施保护生态环境的措施。

二 河西走廊地区城镇化发展与生态环境的特征

地处边远且生态环境脆弱是河西走廊地区的典型特征。因此城镇的形成，其背后必有深厚的自然、经济、政治、社会及历史原因。通过分析河西走廊地区城镇化过程中的生态环境演变过程，掌握城镇与生态环境的关系，不仅有益于了解城镇的历史，更有益于制定城镇发展的方向。

（一）河西走廊地区城址变动明显但是核心城镇相对稳定，具有水资源导向性

在传统的农牧业经济时代，人们对自然灾害、河流改道、战争的抵抗能力较弱，因而城址的变动较明显，但明确的是人们总把城址选在交通便利、生产条件优越的绿洲之上。只有城镇依托的绿洲彻底衰亡，城镇才会彻底灭亡；否则，城镇还会选择更合适的位置顽强地生存下来，古绿洲的衰亡固然可以通过古代郡县治所的衰亡进行判断，但反过来无法通过郡县治所的兴衰反推绿洲的情况。这些治所只是绿洲的一部分，较普遍的情况是，作为绿洲的一部分的郡县治所衰亡了，其所辖绿洲位置偏移、面积缩小甚至是繁荣如故，但从现在的角度看来已不再是原来的建制。如汉武帝时期所设置的河西4郡所包含的35县至今只留下部分名字，如武威、张掖、酒泉、敦煌等，当时的城镇多数并没有消亡，今天的城镇体系正是历史上城镇的分化组合。河西走廊地区城镇化空间格局是由该区域的水系格局决定的，城镇大都临河布局，沿水系延伸，下游城镇的衰亡和中上游城镇的繁荣说明了水资源对城镇发展的影响与制约。

（二）城镇空间分布不均衡，拓展空间有限，等级结构不完善

在干旱荒漠区，有水即为绿洲，无水便成荒漠。河西走廊地区地广人稀的传统观念是片面的，河西走廊地区总面积虽然很大，但是处

于干旱区，能开发利用的绿洲面积仅占6.5%，所以呈现出单位面积人口分布较少，而局部区域人口密度极高的不均衡现象。受水土资源条件的限制，城镇大多等级规模偏小，发展空间有限，且河西走廊同级城市之间处于低水平的均衡发展阶段，规模相差不大。

（三）城镇体系多呈组团结构特征，网络联系尚未形成

河西走廊地处西北内陆，土地地貌构成为南部祁连山地的高山与谷地、走廊中部平原、走廊北部的山地和高原，大部分地区为不适宜利用的戈壁、山地和沙漠。河西走廊凭借源于祁连山的黑河、疏勒河、石羊河三大水系和众多河流来发展绿洲农业和经济。水源决定了绿洲呈点状分布，以点成链，所以最早依托于农业发展形成"组团"，城镇和城镇体系呈现斑块状稠密区，周围被大范围稀疏区包围。然而，因戈壁、沙漠的难以利用性，组团之间缺少过渡，导致城镇之间相互作用在空间上不连续。所以，城镇的集聚效应难以发挥，联动发展的网络体系尚未形成。

第二节　河西走廊地区城镇化与生态环境的互动关系

作为我国生态环境脆弱地区之一的河西走廊地区，受人类的不合理开发利用和自然环境变迁的影响，生态环境呈现急剧恶化的趋势。多年来，自然因素与人为因素相互交织使生态环境破坏与污染并存，同时，投资不足、人才缺乏、技术落后、经济发展水平不高、经济结构不合理等限制因素使得河西走廊地区生态环境难以改善。城镇化进程与生态环境之间的相互作用、相互影响的特征就是城镇化和生态环境的互动效应。主要体现在城镇化对生态环境的促进效应和胁迫效应，以及生态环境对城镇化的促进作用和抑制作用。城镇化与生态环境协调系统发展的重中之重是如何发挥城镇化与生态环境之间的相互协同促进效应。

第四章　河西走廊地区城镇化过程及其与生态环境的关系

一　河西走廊地区城镇化对生态环境的胁迫效应

作为相对独立的地理单元，河西走廊地区对我国来说具有非常重要的意义。自两汉以来，河西走廊地区农牧交替频繁，过度樵采放牧，大量移民的烧荒垦田、大水漫田的传统农业耕作方式，均使地表的固沙植被减少、导致风沙流动，对区内的生态环境造成了极大的破坏，历史欠账使生态环境非常脆弱。中华人民共和国成立后，对商品粮基地的强调、以耗竭大量自然资源和破坏环境为代价的外延型经济发展，使区内脆弱的生态环境进一步恶化，整个河西走廊地区面临着相当大的生态环境压力。

河西走廊地区位于干旱区、水资源极度短缺、时空分布不均，水资源供需矛盾十分突出，水资源利用效率低、缺乏统一的运筹管理都是突出问题。随着经济社会的发展，工业、农业生产规模的扩大，生产、生活和生态"三生"用水需求增加，对于水资源稀缺的河西走廊地区来说，水资源形势越加严峻。2020年，河西走廊内陆河流域缺水量为5.27亿立方米，占甘肃省缺水量的47.6%，缺水程度为6.6%，属资源型缺水。用开发利用率（供水量/资源总量）来表征，国际公认的内陆河流域水资源的警戒线为40%，2003年，河西走廊地区水资源的开发利用率就已高达102%。三条内陆河流域，其中石羊河的水资源利用率为154%，黑河的水资源利用率为112%，疏勒河的水资源利用率为76.4%。2020年河西走廊地区水资源开发利用程度更是达到了115.7%。通过对河西走廊地区城市发展与水资源之间耦合关系的研究，方创琳发现，在过去的50年期间，城镇化水平每提高1%，城市用水量要增加0.91亿立方米；且城镇化水平每提高5%的间隔，用水量、取水难度和用水成本会越大；方创琳还指出未来城镇化水平每提高1%所需的城市用水量和取水难度将更大。

河西走廊地区水资源分布表现为时空不均：时间上表现为降水冬春季少、夏秋季多的特征；空间上表现为从西北部向西南部递减的趋势。多年来，由于缺乏对水资源的科学管理，上游用水过量导致下游的用水量不能得到保障，下游地区只能开采地下水。长期超采地下水不论在短期还是长期，都会给水资源分布、地质结构带来不良影响，首先会造成区域性地下水位下降，其次有可能导致地表沉降。酒泉、张掖、武威等城市，尤其是武威市超采地下水严重，形成大面积地下漏斗（见表4-2），由表可见，2003—2020年河西走廊地区地下水位降落漏斗面积在不断增大，漏斗区内水位也在不断下降。

表4-2　　　　　2003—2020年河西走廊地区地下水位漏斗状况

漏斗名称	所属平原	漏斗周边水位埋深（米）	漏斗面积（平方千米）2003年末	漏斗面积（平方千米）2020年末	漏斗中心水位埋深（米）2003年末	漏斗中心水位埋深（米）2020年末
酒泉市总寨	酒泉盆地	2.02—20.36	161	195.1	24.22	28.8
高台骆驼城	酒泉东盆地	9.43—39.6	534	600.3	56.9	61.4
山丹县城关镇	山丹盆地	16.21—127.34	589	611.8	126	131.7
双湾—昌宁	金川—昌宁盆地	9.04—55.32	632	682.2	48.45	58.2
水源—朱王堡	武威盆地	8.42—19.34	460	465.6	18.63	15.8
武南—黄羊镇	武威盆地	2.28—66.25	1130	1157.6	64.92	67.8
民勤大滩	民勤盆地	4.36—26.35	110	124.6	25.94	29.7

城镇是人口集中、产业密集的区域，生活和生产用水需求都很大，所以是用水量最集中的区域，当然也是水资源的污染和治理压力最大、水资源供需矛盾最突出的区域。河西走廊地区传统工业发展中，以资源型产业为主的重工业为主，这种类型工业企业的耗水量、排污量都较大。水资源的污染必然会对生活用水、生态用水、生产用水的安全构成或轻或重的威胁，同时也会加剧水资源的短缺。加之，环保设施也不完善，对于污染水源的治理不力，已经造成河西走廊地区各内陆河流域局部河段的水质低劣；疏勒河流域玉门段由于石油的开采，被严重污染，属严重污染河段，其主要污染物是石油类和挥发酚；北大河下游肃州段属中度污染河段，挥发酚、高锰酸盐和BOD指数构成其

主要污染物，但嘉峪关段水质较好；黑河流域张掖段属轻度污染河段，氨氮为其主要污染物；山丹河属中度污染河段，大肠杆菌群、氨氮和高锰酸盐指数是其主要污染物；石羊河流域石羊河凉州段属中度污染河段，大肠杆菌和高锰酸盐指数为其主要污染物。以上是河西走廊水资源污染现状，除此之外，"三废"中的废气、固体废弃物和生活垃圾排放量也随着工农业发展呈逐渐递增的趋势。

二 河西走廊地区城镇化对生态环境的促进效应

河西走廊地区接近一半的人口集中生活在城市，目前城镇化率为42.13%，农牧业人口对生态环境的压力相对较轻，城镇化发展有利于传播环保意识，有利于集约利用资源和集中治理环境污染。随着1999年西部大开发战略的实施与2003年河西走廊星火产业带的启动，河西走廊地区对生态环境问题给予了充分的重视。

中华人民共和国成立后，一直强调河西走廊地区是全国十二大"粮仓"之一，所以农业用水比重一直比较大，这一状况在西部大开发之后虽有一定程度的改善，但是农业用水所占比重仍然表现为"一头沉"。在社会经济各部门用水总量中，农业灌溉用水比重由2000年的86.51%下降到了2011年的82.45%，但是降幅并不明显，农业用水比例过大，挤占了生态用水，导致生态环境的恶化。不过，粮食作物面积占总播种面积的比重由1999年的64.5%下降到2011年的56.95%，说明农业产业结构有所调整。随着城镇化水平的提高，石羊河、黑河和疏勒河三大内陆河流域的用水效益普遍提高。

三 河西走廊地区生态环境对城镇化的促进效应

一个区域拥有良好的生态环境，会对其地区和城市的经济发展、城市功能格局和生存环境都产生积极的作用。在生活方面，为人们提供舒适的生活场所和空间，进而提高人们的生活质量和幸福感；在经济方面，能吸引更多的外来投资进行建设、吸引人才在此安家、吸引游客来此旅游，进而推动旅游等产业的发展；城市发展方面，良好的生态环境可以改善城市功能结构，良好的生态环境可以调节城市气候，良好的生态环境可以美化城市景观格局等。这三个方面也会互相促进、相得益彰，推进高质量的城镇化。

四 河西走廊地区生态环境对城镇化的胁迫效应

不论从河西走廊本身的资源禀赋和生态地位，还是从河西走廊经济发展所处阶段来说，河西走廊地区生态环境对经济社会发展存在明显的制约作用。在河西走廊东部、中部、西部地区的制约强度有所不同，在东部以石羊河流域为主的区域，水资源最为紧缺，约束作用最为明显；在中部以黑河流域为主的区域，尽管水资源没有东部那么紧缺，但是当前的发展依然是以水资源的高消耗为代价的；而西部的疏勒河流域，人均用水量相对较高，也是城镇化水平和用水效益相对较高的地区。因此，缓解水资源对城镇化进程的约束，建立集约的水资源利用体系，是河西走廊各地区实施新型城镇化和西部大开发战略所面临的共同任务。

总之，随着城镇化进程加快，城市邮电、交通、娱乐、文化等基础设施也将加快建设，工商企业、公共项目的污染治理、环境保护机制和设施配置也将不断完善。但是，城市的快速发展，若非集约程度很高的发展方式，必然加大城市生态环境的压力。未来几年河西走廊地区的发展对生态环境的压力将持续存在，随着城镇化进程的加速，压力只会增加不会减少。反过来，生态环境恶化又会大大限制城镇化的加快，生态环境也掣肘城市的发展。因此，发挥城镇化与生态环境相互作用的促进效应，以城镇化与生态环境的协调发展理念为指导，是推动河西走廊地区城市可持续发展的必由之路。

第五章　西北干旱区新型城镇化质量综合评价——以河西走廊为例

在经济新常态下,新型城镇化为社会和经济的发展提供了巨大动力,进一步拉动了内需,推动了产业结构的调整升级,促进了人民物质生活和精神生活的转变。在"以人为本"理念的指导下,新型城镇化强调社会进步必须要与经济发展质量携手并进。但在新型城镇化的发展过程中,片面地追求 GDP 增速、城乡转化速度及重数量、重速度、轻质量,忽略了可持续发展、系统整体发展与协调发展的深层次要求。我们需要实现人与自然和谐共存、经济生态共赢和适应改善新型城镇化质量,为此构建一种新的质量评价系统,以更好地体现新型城镇化深层意义,科学反映新型城镇化质量。为了能够较为全面、真实地反映客观情况,本书综合借鉴已有研究方法,结合西北干旱区典型区域——河西走廊的实际,构建新型城镇化质量评价指标体系,对河西走廊五地市新型城镇化发展质量综合指数进行测度。

第一节　评价指标体系的构建

目前国内外关于新型城镇化水平测度的指标有很多,分别是基于不同侧面和研究目的构建的,在不同的指标体系下测度结果各异。同时由于新型城镇化是一个复杂的系统,从新型城镇化的内涵出发,采用覆盖人口发展、经济发展、城乡协同等层次的复合指标法，以便更加宏观全面地反映新型城镇化的发展状态和趋势。

一 选取指标的原则

进行新型城镇化综合水平测度的关键是评价指标体系的构建，遵循以下原则进行具体指标的选择和指标体系的构建。

（一）系统性和全面性原则

新型城镇化的综合指标是由多重指标构成，包括人口、经济、社会进步、空间等多维子系统。在选取指标时要关注不同子系统，因为其综合质量评价会受到多级子系统的影响，必须全面地反映包含不同层面的子系统，指标要能够条理性表征不同子系统，而且要表征每个指标间的关联性，要求构建的指标能够有序地反映出系统整体。

（二）易操作性和科学性原则

选取的指标应便于操作，用较少的指标概括更多的内容。复杂性是新型城镇化水平综合评价系统的突出特点，由于指标的数量较为庞大，准确选取能够反映人口、经济、社会进步、空间发展水平的指标就显得尤为关键，选取指标时必须严格遵守科学性原则。

（三）代表性和重要性原则

新型城镇化水平综合评价指标是多角度、多方面的，要突出重点且具有代表性。要选择如体现新型城镇化发展水平的人口城镇化率，选择反映区域经济发展水平的 GDP 指标等重要指标。选择指标时还应从内涵出发、从子系统出发，选择跟新型城镇化发展水平具有强相关性的指标。

二 选取指标的确定

对现有新型城镇化选取指标的文献进行梳理，发现不同学者对新型城镇化的概念和指标体系构建进行了不同的讨论。在此研究选取指

第五章 西北干旱区新型城镇化质量综合评价——以河西走廊为例

标时，根据国务院发布的《国家新型城镇化规划（2014—2020）》的指导思想，通过借鉴其他学者的研究成果，以国家新型城镇化质量评价指标体系为主要依据，结合西北干旱区河西走廊五地市特殊的自然地理特点，遵循系统性、动态性、典型性、可操作性等原则，从人口、经济、社会进步、空间等多方面综合考虑，旨在建立一个能客观、全面反映河西走廊五地市新型城镇化水平的综合指标体系。因此，根据研究内容的需要选取4个一级指标，20个二级指标，最终组成综合测度指标，测度河西走廊五地市新型城镇化水平。指标体系见表5-1所示。

表5-1 2010—2019年河西走廊五地市新型城镇化水平综合测度指标

总目标	一级指标	二级指标	指标
新型城镇化指标体系	人口指标	城镇人口（万人）	X1
		城镇人口比重（%）	X2
		城镇就业人口比重（%）	X3
		城镇登记失业率（%）	X4
		人口自然增长率（%）	X5
	经济指标	人均GDP（元）	X6
		第三产业占GDP的比重（%）	X7
		一般公共预算收入（万元）	X8
		社会固定资产投资额（万元）	X9
		城镇居民可支配收入（元）	X10
	社会进步指标	民用汽车拥有量（万辆）	X11
		卫生机构床位数（张）	X12
		旅游人数（万人次）	X13
		高等在校学生人数（人）	X14
		全年社会消费品零售总额（万元）	X15
		科教支出占GDP的比重（%）	X16
	空间指标	人均拥有城市道路面积（平方米）	X17
		建成区面积（平方公里）	X18
		城市人口密度（人/平方公里）	X19
		年末城市道路长度（公里）	X20

（一）人口指标

新型城镇化是以人为核心的城镇化，强调以人为本。因此，衡量区域新型城镇化发展水平的重要标志是人口的城镇化率，在新型城镇化水平综合评价中人口的测度，选取城镇人口、城镇人口比重、城镇就业人口比重、城镇登记失业率、人口自然增长率5项指标。

（二）经济指标

新型城镇化是经济发展的必然结果，是产业结构转换升级以及二、三产业产值的增加。经济的发展给新型城镇化发展提供所需基本动力，是新型城镇化发展提升的保障和协同其他社会资源的根基，通过产业转移、产业带动，促进城乡要素的流动，缩小新型城镇化发展收入差距，增加城镇乡村居民的收入。因此，对于新型城镇化水平综合评价中经济的测度，主要选取的指标有人均GDP、第三产业占GDP的比重、一般公共预算收入、社会固定资产投资额、城镇居民可支配收入5项指标。

（三）社会进步指标

城市和乡村公共服务水平的提高需要新型城镇化水平的不断提升，公共服务的支出对于增加乡村人口获得更多公共资源的机会和提高人口素质具有重要作用，推动着整个社会的进步与发展。但推动人类社会进步与发展的因素存在多样性，因此，对于新型城镇化水平评价中社会进步的测度，选取民用汽车拥有量、卫生机构床位数、旅游人数、高等学校在校学生人数、全年社会消费品零售总额、科教支出占GDP的比重6项指标。

（四）空间指标

交通道路是建设新型城镇化坚实的基石，交通道路建设属于基础设施的建设与完善，是衔接农村和城市的主要通道，有利于农民从农村向城市转移、增加农民近距离的就业机会，有助于加速农产品向城市流通，刺激发展非农业项目，对新型城镇化的建设起到不可替代的作用。因此，在评价新型城镇化水平的时候选取人均拥有城市道路面积、建成区面积、城市人口密度、年末城市道路长度4项指标。

三 选取指标的权重计算

从主观和客观两个方面入手计算指标权重，进行算法演算进而确定权重。熵权法是一种客观算法，可以有效避免主观因素的干扰。因此本研究对权重的计算均使用熵权法。熵权法能够提取关键信息，把许多不确定因素剔除，对数据采取无量纲化处理，计算这些数据在整个系统中的贡献率，确定其对系统的影响大小。由于本研究中新型城镇化的数量级、量纲均有差异，所以首先要进行标准化，处理所收集的数据资料，然后根据熵权法确定评价指标的权重，熵值越小该指标的权重越大，反之亦然。

（一）数据标准化

构建样本矩阵，数据样本来源于评价指标的基础数据。熵权法的基本思路是通过公式演算得出熵值，进而确定指标权重。为了有效减少数据间的差异性需要对数据进行标准化处理，弥补评价体系指标方向不同造成的干扰，采用熵权法和数据的标准化提高计算的科学性和客观性。本研究选取了极差标准化法，以消除指标量纲影响。具体计算公式见式（5.1）、（5.2）：

当指标为正时，指标数据越大越好，其标准化公式如下：

$$R_{ij} = \frac{x_{ij} - min(x_{1j} \cdots x_{mj})}{max(x_{1j} \cdots x_{mj}) - min(x_{1j} \cdots x_{mj})} \quad (5.1)$$

当指标为逆时，指标数据越小越好，其标准化公式如下：

$$R_{ij} = \frac{max(x_{1j} \cdots x_{mj}) - x_{ij}}{max(x_{1j} \cdots x_{mj}) - min(x_{1j} \cdots x_{mj})} \quad (5.2)$$

式中，x_{ij}和R_{ij}分别表示各指标的实际数值与无量纲化数值；$max\ x_{ij}$和$min\ x_{ij}$分别表示各指标无量纲化前第j项指标的最大值与最小值；j表示指标的个数；i表示时（空）间序列。

（二）指标权重计算

本研究综合相关学者的研究成果，由于选取的评价指标数量较多，各指标关系复杂，最终选择了熵值法来计算权重。经过无量纲化处理的数据均在 [0, 1] 区间内，经过处理后，无论是对正负指标还是适度指标，所得到的 r_{ij} 均是越大越好，他们将组成标准化的评价矩阵：

$$R = \begin{bmatrix} x_{11} & \cdots & x_{1n} \\ \vdots & \ddots & \vdots \\ x_{m1} & \cdots & x_{mn} \end{bmatrix} \quad (5.3)$$

本研究主要是通过计算各指标的信息熵值和效用值，进而确定各指标的权重。具体分为四个步骤计算指标权重：

第一，计算第 i 年份第 j 项指标值的比重，其计算公式为：

$$P_{ij} = \frac{R_{ij}}{\sum_{i=1}^{m} R_{ij}} \quad (5.4)$$

第二，计算第 j 项指标值的信息熵，其计算公式为：

$$e_j = -\frac{1}{lnm} \sum_{i=1}^{m} P_{ij} ln P_{ij} \quad (5.5)$$

第三，计算第 j 项指标值的效用值，其计算公式为：

$$d_j = 1 - e_j \quad (5.6)$$

第四，计算第 j 项指标的权重，记为 W_j，其计算公式为：

$$W_j = \frac{d_j}{\sum_{i=1}^{m} d_j} \quad (5.7)$$

本研究以河西走廊五地市 2010—2019 年的数据为依据，运用熵权法进行纵向分析研究，计算出河西走廊五地市新型城镇化评价体系各级指标的权重，如表 5-2、表 5-3、表 5-4、表 5-5、表 5-6 所示：

表 5-2　　2010—2019 年武威市新型城镇化指标权重值

总目标	一级指标	二级指标	指标	熵值	权重
新型城镇化指标体系	人口	0.2166	X1	0.8792	0.0505
			X2	0.8795	0.0504
			X3	0.8679	0.0553
			X4	0.9304	0.0291
			X5	0.9254	0.0312
	经济指标	0.2566	X6	0.9305	0.0291
			X7	0.8061	0.0811
			X8	0.9090	0.0381
			X9	0.8556	0.0604
			X10	0.8854	0.0480
	社会进步	0.3200	X11	0.8604	0.0584
			X12	0.8256	0.0729
			X13	0.8316	0.0705
			X14	0.9383	0.0258
			X15	0.8796	0.0504
			X16	0.8996	0.0420
	空间指标	0.2068	X17	0.8091	0.0799
			X18	0.9233	0.0321
			X19	0.9023	0.0409
			X20	0.8709	0.0540

注：数据根据统计年鉴计算所得。

表 5-3　　2010—2019 年张掖市新型城镇化指标权重值

总目标	一级指标	二级指标	指标	熵值	权重
新型城镇化指标体系	人口		X1	0.8723	0.0533
			X2	0.8728	0.0531
			X3	0.8803	0.0499
			X4	0.8952	0.0437
			X5	0.9199	0.0334

续表

总目标	一级指标	二级指标	指标	熵值	权重
新型城镇化指标体系	经济指标	0.2402	X6	0.9240	0.0317
			X7	0.8101	0.0792
			X8	0.9005	0.0415
			X9	0.9059	0.0392
			X10	0.8834	0.0486
	社会进步	0.2970	X11	0.8763	0.0516
			X12	0.8889	0.0463
			X13	0.8181	0.0759
			X14	0.9241	0.0317
			X15	0.8849	0.0480
			X16	0.8956	0.0435
	空间指标	0.2294	X17	0.7962	0.0850
			X18	0.9044	0.0399
			X19	0.8492	0.0629
			X20	0.9002	0.0416

注：数据根据统计年鉴计算所得。

表 5-4　2010—2019 年金昌市新型城镇化指标权重值

总目标	一级指标	二级指标	指标	熵值	权重
新型城镇化指标体系	人口	0.1448	X1	0.9036	0.0321
			X2	0.9296	0.0234
			X3	0.8705	0.0431
			X4	0.9332	0.0222
			X5	0.9279	0.0240
	经济指标	0.2768	X6	0.8281	0.0572
			X7	0.7906	0.0697
			X8	0.7674	0.0774
			X9	0.8965	0.0344
			X10	0.8855	0.0381

第五章　西北干旱区新型城镇化质量综合评价——以河西走廊为例

续表

总目标	一级指标	二级指标	指标	熵值	权重
新型城镇化指标体系	社会进步	0.2749	X11	0.8634	0.0454
			X12	0.8963	0.0345
			X13	0.8712	0.0428
			X14	0.8325	0.0557
			X15	0.8825	0.0391
			X16	0.8277	0.0573
	空间指标	0.3035	X17	0.8818	0.0393
			X18	0.9171	0.0276
			X19	0.9018	0.0327
			X20	0.3870	0.2039

注：数据根据统计年鉴计算所得。

表5-5　2010—2019年酒泉市新型城镇化指标权重值

总目标	一级指标	二级指标	指标	熵值	权重
新型城镇化指标体系	人口	0.2367	X1	0.8757	0.0506
			X2	0.8804	0.0487
			X3	0.8859	0.0465
			X4	0.8640	0.0554
			X5	0.9127	0.0356
	经济指标	0.2341	X6	0.9313	0.0280
			X7	0.8053	0.0793
			X8	0.9153	0.0345
			X9	0.8877	0.0457
			X10	0.8853	0.0467
	社会进步	0.3200	X11	0.8931	0.0435
			X12	0.8486	0.0617
			X13	0.8413	0.0646
			X14	0.8505	0.0609
			X15	0.9268	0.0298
			X16	0.8537	0.0596

续表

总目标	一级指标	二级指标	指标	熵值	权重
新型城镇化指标体系	空间指标	0.2091	X17	0.8155	0.0751
			X18	0.9169	0.0338
			X19	0.8891	0.0451
			X20	0.8650	0.0550

注：数据根据统计年鉴计算所得。

表5-6　2010—2019年嘉峪关市新型城镇化指标权重值

总目标	一级指标	二级指标	指标	熵值	权重
新型城镇化指标体系	人口	0.2793	X1	0.8513	0.0532
			X2	0.7652	0.0840
			X3	0.8788	0.0434
			X4	0.8295	0.0610
			X5	0.8945	0.0377
	经济指标	0.2006	X6	0.9395	0.0216
			X7	0.8059	0.0694
			X8	0.8967	0.0370
			X9	0.9176	0.0295
			X10	0.8796	0.0431
	社会进步	0.2785	X11	0.9010	0.0354
			X12	0.8504	0.0535
			X13	0.8282	0.0615
			X14	0.8713	0.0461
			X15	0.9240	0.0272
			X16	0.8468	0.0548
	空间指标	0.2417	X17	0.7342	0.0951
			X18	0.9324	0.0242
			X19	0.9033	0.0346
			X20	0.7546	0.0878

注：数据根据统计年鉴计算所得。

第二节 新型城镇化综合指数确定

一 综合水平指数模型

本研究借鉴刘耀彬、陈斐（2007）的研究，用综合水平指数来测度新型城镇化的发展测度。由式（5.8）计算可得河西走廊五地市新型城镇化综合评价结果如表5-8、表5-10、表5-12、表5-14、表5-16所示。

$$U = \sum_{i=1}^{m} P_i \times W_i \qquad (5.8)$$

式（5.8）中，U为新型城镇化综合指数；P_i为第i评价指标的标准化值；W_i为第i个评价指标的权重。

根据上述综合评价模型得出河西走廊五地市2010—2019年新型城镇化水平综合发展指数。在此基础上，参考国内外相关学者对新型城镇化与生态安全发展水平等级评价标准的界定，根据河西走廊五地市自身发展特点，对新型城镇化综合发展水平等级进行划分，同时我们给出水平等级标准，具体等级评价标准见表5-7。

表5-7 河西走廊五地市综合发展水平等级（新型城镇化与生态安全）

综合发展指数	0.000—0.199	0.200—0.399	0.400—0.599	0.600—0.799	0.800—1.000
发展水平等级	低级	较低级	中级	较高级	高级

二 新型城镇化综合指数分析

河西走廊五地市新型城镇化综合评价结果可通过式（5.8）计算获得，河西走廊新型城镇化水平的整体发展变化趋势同时反映各部分的相对发展状况，课题组采用更加直观的表达方式，根据数据表绘制河西走廊五地市新型城镇化综合发展指数趋势图（见图5-1、图5-2、图5-3、图5-4、图5-5）。

（一）武威市新型城镇化综合指数分析

武威市新型城镇化各个子系统评价指数可以根据表5-6计算得到，

绘制出武威市 2010—2019 年新型城镇化各子系统发展水平及综合发展质量趋势图，如图 5-1 所示。可以看出，2010—2019 年武威市新型城镇化质量总体趋势展现为持续平稳上升，综合指数从 2010 年的 0.1225 上升到 2014 年的 0.4568，从 2014 年的 0.4568 上升到 2016 年的 0.7065，从 2016 年的 0.7065 上升到 2018 年的 0.7211，从 2018 年的 0.7211 上升到 2019 年的 0.8621。这表明武威市新型城镇化质量在研究期内不断提高，城镇化的综合水平提升显著，整体提升的幅度比较大。

由表 5-7 可知：武威市新型城镇化综合发展水平等级由低级发展阶段开始保持持续上升趋势始自于 2010 年，2011—2012 年为较低级发展阶段，2013—2015 年为中级发展阶段，2016—2018 年达到较高级发展阶段，2019 年以后发展为高级阶段。2010 年武威市提出"一轴双城三组团"的空间开发格局的思路是主要原因，依据四个层面：重点小城镇、中心城镇、一般乡镇和村庄，按照规划高起点、建设高标准、管理高效能的要求，努力提高城镇集聚生产要素的能力，不断扩张规模、提升功能、优化环境、彰显特色，实现城乡经济社会的统筹发展的新型城镇化发展思路。

表 5-8　　　　2010—2019 年武威市新型城镇化指标综合水平

年份	2010	2011	2012	2013	2014	2015	2016	2017	2018	2019
人口指标	0.0693	0.0709	0.0995	0.1390	0.1005	0.1304	0.1325	0.1208	0.1159	0.1040
经济指标	0.0059	0.0360	0.0722	0.1106	0.1367	0.1748	0.1777	0.1749	0.1777	0.2166
社会进步	0.0160	0.0598	0.0872	0.1057	0.1413	0.2085	0.2792	0.2956	0.3288	0.3980
空间指标	0.0313	0.0487	0.0528	0.0620	0.0782	0.0778	0.1171	0.1171	0.0987	0.1435
新型城镇化指标	0.1225	0.2154	0.3117	0.4172	0.4568	0.5914	0.7065	0.7085	0.7211	0.8621

注：数据通过整理计算所得。

第五章　西北干旱区新型城镇化质量综合评价——以河西走廊为例

表 5-9　2010—2019 年武威市新型城镇化指标指数与发展水平等级

年份	综合发展指数	发展水平等级
2010	0.1225	低级
2011	0.2154	较低级
2012	0.3117	较低级
2013	0.4172	中等
2014	0.4568	中等
2015	0.5914	中等
2016	0.7065	比较高级
2017	0.7085	比较高级
2018	0.7211	比较高级
2019	0.8621	高级

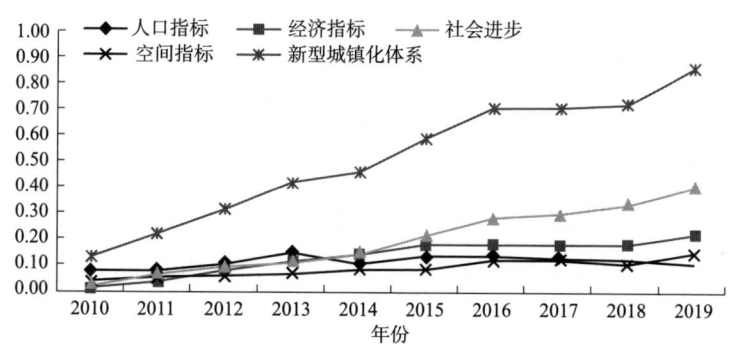

图 5-1　武威市新型城镇化综合指数趋势

为了对武威市新型城镇化的发展状况进行更深层次和更广角度的评价，我们分别考察四个要素层：人口城镇化、经济城镇化、社会进步城镇化与空间城镇化。由图 5-1 可知，武威市新型城镇化发展的四个方面的情况如下：武威市初始发展水平最高的是人口城镇化水平，而经济城镇化、社会进步城镇化及空间社会城镇化的初始发展水平较低。在 2013 年以前，处于最高水平的均为人口城镇化指标，但由于该指标的提升速度较慢，且在 2014 年出现了拐点，呈下降的发展趋势，而经济、空间、社会进步城镇化这三个指标的发展水平始终保持上升

· 95 ·

的趋势，因而在2010—2014年这四项指标出现收敛趋势，武威市新型城镇化四个方面的发展水平较为接近，在2010—2014年其发展指数的曲线呈现出相互交织的状态。而在2015年及以后，武威市的经济、空间、社会进步城镇化的水平都迅速提升并超过了人口城镇化的水平，最终武威市新型城镇化四个方面的发展水平呈现出社会进步城镇化水平排名第一，经济城镇化水平排名第二，空间城镇化水平排名第三，人口城镇化水平排名最低的发展状态。

考察武威市新型城镇化的四个指标的发展变化趋势，人口城镇化呈现出"上升—下降—再上升—再下降"的波动趋势，人口城镇化的发展水平上升幅度相对较小，其在新型城镇化的四个方面发展水平中人口城镇化最终成了最后一位。根据人口城镇化中各指标的权重，城镇就业人口比重的影响最大。武威市城镇就业人口呈现出先升后降的变动趋势，因此这也成为影响人口城镇化水平进一步提升的重要因素之一。武威市经济城镇化和社会城镇化的发展变化趋势较为一致，基本是持续稳步增长。与人口城镇化相比，武威市的社会进步城镇化其发展速度及最终发展水平是新型城镇化四个方面中最高的一个，尽管这一指标的初始发展起点较低，水平不高。由此我们可以从社会进步城镇化各指标相对较高的指标权重判断，武威市社会进步城镇化对于本市新型城镇化整体的发展起到了至关重要的作用。

（二）张掖市新型城镇化综合指数分析

张掖市新型城镇化各个子系统评价指数可以根据表5-10计算获得，据此绘制出张掖市2010—2019年新型城镇化各子系统发展水平及综合发展质量趋势图，如图5-2所示。可以看出，2010—2019年张掖市新型城镇化质量总体趋势展现为持续平稳上升，综合指数由2010年的0.0571上升到2019年的0.8461，整体提升的幅度比较大。由表5-11可知，张掖市新型城镇化综合发展水平等级分为三个阶段性特点：低级发展阶段开始持续保持上升趋势出现在2010—2011年，2012年是较低级发展阶段，中级发展阶段出现在2013—2014年，较高级发展阶段出现在 2015—2018 年，最终 2019 年以后为高级发展阶段。究其原因是自国家 2007 年提出新型城镇化发展战略之后，张掖市始终坚持把保护生态文明和城镇化建设紧密结合在一起，以生态文明引领城市建设的方向，立足所拥有的"一山一水一古城"的自然资源优势，逐步推进人口向城镇集中、居民向社区集中、工业向园区集中、土地向适度规模经营集中的四项发展计划，始终围绕保护生态文明的理念建设城市，经过多年建设，形成了以中心城区为核心，辐射周围 5 个县城、6 个工业园区，带动 9 个重点镇和 58 个示范村的城镇化发展体系，引领全市社会、生态、经济等各方面协调发展。尤其是自 2004 年以来，张掖市大刀阔斧建设新城区，城镇化发展空间进一步拓宽，新城区建设累计投入资金近 200 亿元。

表 5-10　　2010—2019 年张掖市新型城镇化指标综合水平

年份	2010	2011	2012	2013	2014	2015	2016	2017	2018	2019
人口指标	0.0560	0.0684	0.1114	0.1370	0.1361	0.1439	0.1463	0.1410	0.1205	0.1061
经济指标	0.0011	0.0226	0.0567	0.0809	0.1202	0.1527	0.1802	0.1739	0.2005	0.2124
社会进步	0.0000	0.0364	0.0969	0.1397	0.1658	0.1975	0.2443	0.2870	0.2872	0.3271
空间指标	0.0000	0.0189	0.0323	0.0485	0.0652	0.1082	0.1301	0.1442	0.1741	0.1959
新型城镇化指标	0.0571	0.1464	0.2972	0.4061	0.4873	0.6024	0.7010	0.7461	0.7823	0.8416

注：数据通过整理计算所得。

表 5-11　2010—2019 年张掖市新型城镇化指标指数与发展水平等级

年份	综合发展指数	发展水平等级
2010	0.0571	低级
2011	0.1464	低级
2012	0.2972	较低级
2013	0.4061	中级

续表

年份	综合发展指数	发展水平等级
2014	0.4873	中级
2015	0.6024	较高级
2016	0.7010	较高级
2017	0.7461	较高级
2018	0.7823	较高级
2019	0.8416	高级

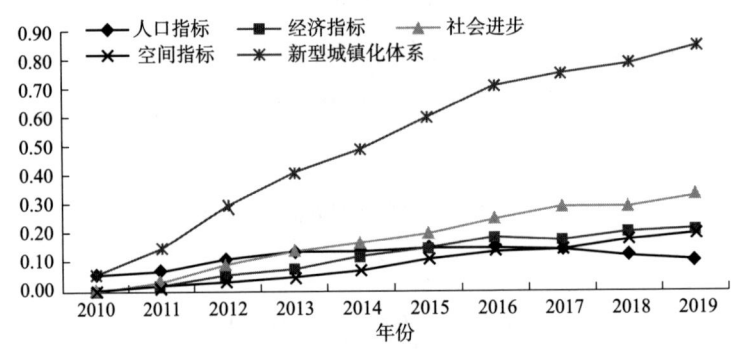

图 5-2 2010—2019 年张掖市新型城镇化综合指数趋势

为了更进一步、更深层次地评价张掖市新型城镇化的发展水平，可以从人口城镇化、经济城镇化、社会进步城镇化与空间城镇化四个要素层发展指数的变化趋势入手，进行深层次的分析。由图 5-2 可知，从构成张掖市新型城镇化四个方面的相对发展关系来看，张掖市社会进步城镇化的初始发展水平自 2013 年后开始位列四个要素中第一，人口、经济及空间社会城镇化的起点较低，且在 2013 年之前，人口城镇化的发展水平在新型城镇化的四个方面中均位列第一，但是在 2014 年开始呈下降趋势，而经济、空间、社会进步城镇化的发展水平始终保持上升势头未曾停滞或下降，在 2013 年人口城镇化与社会进步城镇化出现交会点。而在 2013 年及以后经济、空间、社会进步城镇化的水平经过加速追赶后反超了人口城镇化水平，最终张掖市新型城镇化四个方面的发展水平呈现出社会进步城镇化水平排名第一，经济城镇化水平排名第二，空间城镇化水平排名第三，人口城镇化水平排名最低的发展状态。

张掖市新型城镇化四个方面：人口城镇化、经济城镇化、社会进步城镇化与空间城镇化，从各自的发展变化趋势来看，呈现出"上升—下降"的波动趋势，最明显的是人口城镇化，然而由于人口城镇化上升幅度相对较小，其发展水平最终成为新型城镇化四个方面发展水平中的最后一位。城镇人口对张掖市人口城镇化发展进程的影响最大，这是根据人口城镇化中各指标的权重得出的结论。张掖市城镇人口在2010—2019年增幅较小，成为影响人口城镇化水平进一步提升的重要原因。与人口城镇化相比，张掖市的社会进步城镇化最终发展水平是新型城镇化四个方面中最高的一个，虽然这一指标的初始发展水平不是最高，但社会进步的发展速度较快导致这一指标的快速提升。由于张掖市的社会进步城镇化各指标占相对较高的权重，据此我们有理由判断，在张掖市新型城镇化整体的发展中起至关重要作用的是社会进步城镇化。张掖市经济城镇化和空间城镇化的发展变化趋势较为一致，基本是持续稳步增长，在2019年经济城镇化与空间城镇化发展出现交会点。

（三）金昌市新型城镇化综合指数分析

金昌市新型城镇化各个子系统评价指数可以根据表5-12计算获得，绘制出金昌市2010—2019年新型城镇化各子系统发展水平及综合发展质量趋势图，如图5-3所示。2010—2017年金昌市新型城镇化质量总体趋势展现为持续平稳上升，综合指数由2010年的0.0694上升到2017年的0.6014，2017—2019年金昌市新型城镇化质量总体趋势展现为急剧上升，综合指数由2017年的0.6014上升到2019年的0.89。这表明金昌市新型城镇化质量在研究期内不断提高，城镇化的综合水平提升显著。由表5-13可知，金昌市新型城镇化综合发展水平自2010—2011年的低水平发展阶段以来，持续保持上升的势头。由2012—2013年的低级发展阶段开始，中级发展阶段出现在2014—2015年，高级发展阶段出现在 2016—2018 年，2019 年之后最终会发展到高级发展阶段。究其原因是金昌市在空间发展上实施了"三位一体"的新型城镇化模式，即"产城一体""城乡一体""景城一体"，规划构建了"一主两副、一带两轴"城镇空间格局，布局建设龙首新区主导文化旅游业，建设金水新区主导工业。将两个产城融合，完善城市综合承载功能，建立城市新区。同时金昌市在经济发展中调整优化产业布局和产业结构，构建"一区多园"的产业布局，以建设金昌国家经济技术开发区为主动脉，以建设重点产业园区为骨架，重点突破资源型城市产业结构单一的现状，通过建设镍钴新材料基地和发展以文化旅游业为龙头的现代服务业探索转型道路，形成了三次产业协调发展思路"做大三产、做强二产、做优一产"，构建多元产业携同并进，支撑全市经济发展。金昌市在人口发展中完善深化户籍制度改革，全面放开落户限制吸引人才，保留从农村转移的农业人口原有权益，对转入城镇落户的农村居民，保留其惠农政策，包括：土地承包经营权、宅基地使用权、集体资产收益分配权及粮食直补等。推进落实居住证制度，用制度来保障常住人口"同城同待遇"。不断探索农村就地城镇化模式，城中村改造中形成了"以地建保障，以地换房产"的模式，小城镇建设中形成了"产业支撑，功能聚集"的模式，新型农村社区建设中形成了"集中新建，进滩增地"的模式，中心村组团建设采用"就地改造，综合整治"的模式，这些新模式有力地促进了农村就地城镇化。

表 5-12　　2010—2019 年金昌市新型城镇化指标综合水平

年份	2010	2011	2012	2013	2014	2015	2016	2017	2018	2019
人口指标	0.0224	0.0315	0.0727	0.0949	0.0869	0.0858	0.0876	0.0911	0.0769	0.0741
经济指标	0.0061	0.0422	0.0749	0.0947	0.1150	0.1745	0.1833	0.1204	0.2363	0.3365
社会进步	0.0000	0.0240	0.0590	0.0852	0.1265	0.2120	0.2397	0.2766	0.2998	0.3267

第五章 西北干旱区新型城镇化质量综合评价——以河西走廊为例

续表

年份	2010	2011	2012	2013	2014	2015	2016	2017	2018	2019
空间指标	0.0409	0.0821	0.0905	0.1006	0.1064	0.0922	0.1046	0.1134	0.1335	0.1551
新型城镇化指标	0.0694	0.1798	0.2970	0.3755	0.4348	0.5645	0.6152	0.6014	0.7466	0.8923

注：数据通过整理计算所得。

表5-13　2010—2019年金昌市新型城镇化指数以及对应的发展水平等级划分

年份	综合发展指数	发展水平等级
2010	0.0694	低级
2011	0.1798	低级
2012	0.2970	较低级
2013	0.3755	较低级
2014	0.4348	中级
2015	0.5645	中级
2016	0.6152	较高级
2017	0.6014	较高级
2018	0.7466	较高级
2019	0.8923	高级

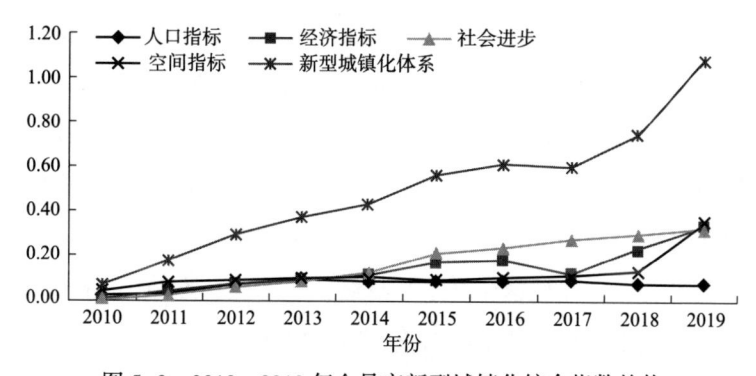

图5-3　2010—2019年金昌市新型城镇化综合指数趋势

针对金昌市新型城镇化的发展状况，课题组从各维度做进一步评价，分别考察人口城镇化、经济城镇化、社会进步城镇化与空间城镇化，从构成金昌市新型城镇化的四个要素层发展指数的变化趋势入手，进一步分析这四个指标的变化。由图5-3可知，从四个要素层的相对发展关系来看，金昌市空间城镇化的初始发展水平最高，而经济、社会进步、人口城镇化的初始发展水平较低，但在2014年迎来分水岭，在此之后社会进步城镇化的发展水平跃居首位，且一直处于稳步增长的发展趋势，而经济城镇化的发展水平在2017年下降，之后快速上升；空间城镇化在2018年之后也快速上升。而在2015年及以后空间、经济及社会进步城镇化的水平极速提升并且一跃超过人口城镇化的水平，至此，金昌市新型城镇化的四个方面发展水平所呈现出的状态为：社会进步城镇化水平占据首位，经济城镇化水平居于次席，而空间城镇化水平和人口城镇化水平分别排在第三、第四位。

从金昌市新型城镇化的四个方面各自发展趋势分析，人口城镇化的发展水平呈现出"上升—下降"的波动趋势，而且由于其上升的幅度相对较小，导致人口城镇化的发展水平最终跌至新型城镇化四个方面发展水平中的末位。结合人口城镇化中各指标所占的权重，城镇就业人口比重对于金昌市人口城镇化发展进程的影响最大，但金昌市城镇就业人口在2010—2019年出现了先升后降的态势，这一因素严重影响了人口城镇化水平的进一步提升。与人口城镇化相比，金昌市的社会进步城镇化的起点低，初始发展水平相对落后，但最终，金昌市社会进步的发展速度以及最终所达到的高度却在新型城镇化四个方面中居于首位。同时参考社会进步城镇化指标在各指标中占有较高的权重可以推断，金昌市社会进步城镇化带动了全市新型城镇化整体的发展，在城镇化过程中居功至伟。金昌市经济城镇化出现了"先升—后降—再升"的态势，空间城镇化基本是持续稳步增长，在2019年经济城镇化、空间城镇化与社会进步城镇化发展出现交会点。

（四）酒泉市新型城镇化综合指数分析

根据表5-14计算的酒泉市新型城镇化各个子系统评价指数，绘制出酒泉市2010—2019年新型城镇化各子系统发展水平及综合发展质量

第五章 西北干旱区新型城镇化质量综合评价——以河西走廊为例

趋势图，如图5-4所示。可以看出，2010—2019年酒泉市新型城镇化质量总体趋势展现为持续平稳上升，综合指数由2010年的0.1143上升到2019年的0.8341，整体提升的幅度比较大。由表5-15可知：酒泉市新型城镇化综合发展水平等级由较低的起点开始，从2010—2011年开始持续保持上升势头，2012年进入低级发展阶段，经过了2013—2015年的中级发展阶段，到2016—2018年迈入较高级发展阶段，在2019年以后，酒泉市的新型城镇化水平步入高级发展阶段。究其原因是酒泉市在空间布局发展中坚持规划引领，科学规划城镇发展布局，加快完善全市新型城镇化以及县、镇建设规划，以此确保城镇化建设有清晰和健全的政策指引。通过规划引领，全力构建以"丝绸之路经济带"中的酒泉段为主力，以区域性城市及重点城镇联合发展为支撑的城镇化布局。酒泉市在人口城镇化发展中按照"因地制宜、逐步推进、存量优先、带动增量"的原则，全面取消建制镇及小城市的落户条件限制，努力推动转移农业人口进城落户；整合职业教育培训资源，对从农村转移进城市的人口进行就业技能培训，搞好就业服务和保障，确保他们的就业质量；加强公共服务体系建设，制定针对农业转移人口及其子女关于就学、就业、就医、社保、住房等一系列民生保障方面的政策，积极为农业转移人口的市民化创造条件。允许新转为城市居民的原农村人口，保留其在乡下原有的承包地、宅基地，最大限度地解除其后顾之忧，努力确保农业转移人口享有基本公共服务；完善城镇住房的供应保障体系，尽力保障城市居民的房源供给，优先将有能力在城镇稳定就业和生活的常住人口纳入城镇住房保障范围，多渠道筹集房源，缓解农业转移人口的住房压力，落实好保障性住房及5万人以上建制镇倾斜等政策，促进了酒泉市新型城镇化的建设。

表5-14　　2010—2019年酒泉市新型城镇化指标综合水平

年份	2010	2011	2012	2013	2014	2015	2016	2017	2018	2019
人口指标	0.0597	0.0511	0.0802	0.1307	0.1128	0.1491	0.1797	0.1498	0.1338	0.1369

续表

年份	2010	2011	2012	2013	2014	2015	2016	2017	2018	2019
经济指标	0.0008	0.0306	0.0719	0.1050	0.1336	0.1591	0.1827	0.1551	0.1690	0.1628
社会进步	0.0007	0.0319	0.0917	0.1132	0.1553	0.2066	0.2596	0.3142	0.3367	0.4102
空间指标	0.0531	0.0609	0.0576	0.0872	0.0822	0.0810	0.0825	0.0865	0.1210	0.1242
新型城镇化指标	0.1143	0.1746	0.3015	0.4361	0.4840	0.5958	0.7045	0.7056	0.7606	0.8341

注：数据通过整理计算所得。

表5-15　2010—2019年酒泉市新型城镇化指标指数与发展水平等级

年份	综合发展指数	发展水平等级
2010	0.1143	低级
2011	0.1746	低级
2012	0.3015	较低级
2013	0.4361	中级
2014	0.4840	中级
2015	0.5958	中级
2016	0.7045	较高级
2017	0.7056	较高级
2018	0.7606	较高级
2019	0.8341	高级

为了更深层次地评价酒泉市新型城镇化近年发展状况，分别对人口城镇化、经济城镇化、社会进步城镇化与空间城镇化四个维度发展指数的变化趋势进行分析。由图5-4可知，从构成酒泉市新型城镇化的四个方面发展的相对关系来看，初期的时候，酒泉市人口城镇化与空间城镇化的发展水平较高，而经济和社会进步城镇化的发展水平较低，在2013年及以后空间城镇化的发展水平在新型城镇化的四个方面中始终处于最低的位置，而社会进步城镇化的发展水平一直稳步上升。而在2013年人口、空间、经济、社会进步城镇化的水平出现交会点，

第五章 西北干旱区新型城镇化质量综合评价——以河西走廊为例

之后社会进步城镇化持续上升，经济与人口城镇化交织在一起，最终酒泉市新型城镇化的四个方面发展水平表现出来的状态为：社会进步城镇化水平排在首位，经济城镇化水平和人口城镇化水平随后，空间城镇化水平处于末位。

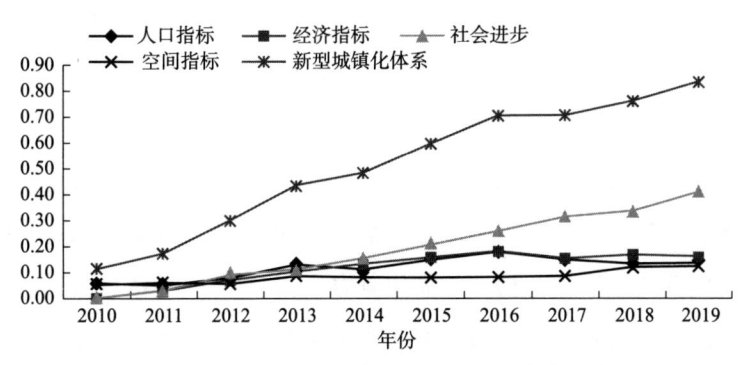

图 5-4 2010—2019 年酒泉市新型城镇化综合指数趋势

从酒泉市新型城镇化四个方面各自的发展变化趋势来看，人口城镇化的发展水平呈现出"上升—下降"的波动趋势，由于其上升幅度很小，人口城镇化最终的发展水平落后于其他三个方面的发展水平。结合人口城镇化中各指标的权重，城镇就业人口比重成为影响酒泉市人口城镇化发展进程最大的因素，但酒泉市城镇就业人口在 2010—2019 年出现了先升后降的态势，也成为影响人口城镇化水平稳步提升的决定性因素之一。与人口城镇化相比，酒泉市的社会进步城镇化初始发展水平虽然不算很高，但其发展速度和最终发展水平却跃居新型城镇化发展四个方面的首位，同时结合社会进步城镇化各指标权重可以推断，酒泉市社会进步城镇化在本市新型城镇化整体发展中居功至伟。酒泉市新型城镇化出现了"先升—后降—再升"的态势，空间城镇化基本是持续稳步增长，在 2019 年经济城镇化、空间城镇化与社会进步城镇化发展出现交会点。

（五）嘉峪关市新型城镇化综合指数分析

根据表 5-16 计算的嘉峪关市新型城镇化各个子系统评价指数，绘制出嘉峪关2010—2019年新型城镇化各子系统发展水平及综合发展质量趋势图，如图5-5所示。可以看出，2010—2019年嘉峪关市新型城镇化质量总体趋势展现为持续平稳上升，综合指数由2010年的0.1745上升到2019年的0.8036，整体提升的幅度比较大。由表5-17可知，嘉峪关市新型城镇化综合发展水平等级由2010年的低级发展阶段之后，开始持续保持上升势头，在2011—2012年处于较低级发展阶段，2013—2015年处于中级发展阶段，到2016—2018年进入较高级发展阶段，最终达到2019年及以后的高级发展阶段。究其原因是嘉峪关市坚持"旅游兴镇、产业强镇、生态宜居、文明和谐"的发展思路，以新型城镇化带动"三化"协调发展为着力点，加大新型城镇化建设力度，加快推进基础设施建设步伐，完善配套措施，提升公共服务水平，全面增强镇区综合承载力、集聚力和辐射力，不断提升峪泉镇建设品位和质量。嘉峪关市围绕峪泉镇中心镇区标准化规模化建设发展，统筹规划镇区基础设施布局，大力推进供水、路网、电力、供暖、信息、消防等各类基础配套设施向三村延伸，依托镇区区域划分，合理部署行政、教育、医疗、休闲等功能区，不断提高镇区综合承载能力，加快城乡基础设施一体化发展。同时加大中心镇区标准化规模化建设项目，加快新型城镇化建设进程，完善镇区功能，提升整体形象；以基础设施建设为突破口，通过中心镇区标准化规模化建设，充分发挥辐射带动作用，不断完善镇区及三村水、电、路、暖等配套设施，形成设施系统化全覆盖，促进全镇经济社会的综合协调发展。通过完善新型社区建设、教育、文化、体育、医疗卫生等各项社会事业，镇区综合服务功能日趋完善，整体协调发展格局基本形成，基本实现农村社会公共服务城镇均衡化。依托关城文化旅游景区、中华孔雀苑、大漠冰雪文化产业园等文化旅游资源，发展文化旅游经济。鼓励和扶持农民创办星级农家乐、家庭旅馆，引导农民参与奇石加工、做大做强风雨雕、驼绒画等传统手工艺产品制作产业，促进农村富余劳动力转移，拓宽农民致富渠道。结合"千村美丽"示范村建设，打造休闲生态宜居镇。通过中心镇区改造和功能完善，全面实施嘉峪关村"千村美丽"示范村和旅游新村建设项目，使关城文化得到传承与发展，生态环境得到有效保护，农村社会、经济和环境可持续发展能力进一步增强，努力将峪泉镇建设成为功能齐全、乡风文明、生活富裕、休闲旅游的幸福人居镇。

表5-16　2010—2019年嘉峪关市新型城镇化指标综合水平

年份	2010	2011	2012	2013	2014	2015	2016	2017	2018	2019
人口指标	0.0779	0.0971	0.1415	0.1557	0.1554	0.1535	0.1469	0.1794	0.1487	0.1403
经济指标	0.0201	0.0117	0.0592	0.0874	0.0996	0.1182	0.1531	0.1496	0.1504	0.1535
社会进步	0.0417	0.0570	0.1059	0.1361	0.1705	0.1830	0.2244	0.2315	0.2785	0.2421
空间指标	0.0348	0.0486	0.0655	0.0779	0.0881	0.0971	0.1050	0.1079	0.0742	0.2677
新型城镇化指标	0.1745	0.2145	0.3721	0.4571	0.5136	0.5517	0.6294	0.6686	0.6517	0.8036

注：数据通过整理计算所得。

表5-17　2010—2019年嘉峪关市新型城镇化指标指数与发展水平等级

年份	综合发展指数	发展水平等级
2010	0.1745	低级
2011	0.2145	较低级
2012	0.3721	较低级
2013	0.4571	中级
2014	0.5136	中级
2015	0.5517	中级
2016	0.6294	较高级
2017	0.6686	较高级
2018	0.6517	较高级
2019	0.8036	高级

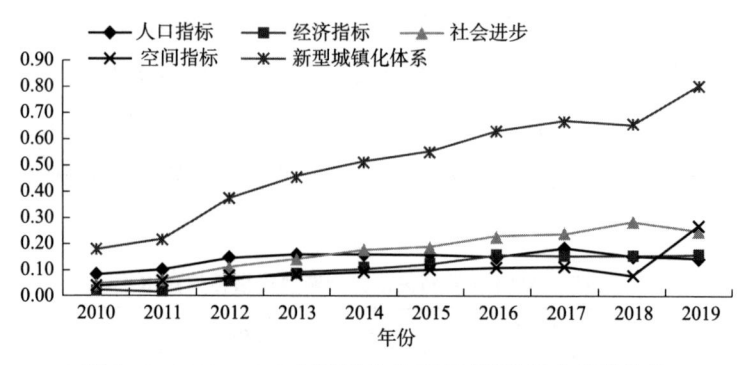

图 5-5 2010—2019 年嘉峪关市新型城镇化综合指数趋势

为了更深层次地评价嘉峪关市新型城镇化的发展状况，本书分别对人口城镇化、经济城镇化、社会进步城镇化和空间城镇化四个维度发展指数的变化趋势进行分析。由图 5-5 可知，从嘉峪关市新型城镇化的四个方面发展的相对关系来看，嘉峪关市人口城镇化的初始发展水平排在首位，而经济、社会进步、空间城镇化的初始发展水平相对较低，并且在 2011 年经济城镇化的发展水平始终处于最低的位置，2011 年之后人口、经济、社会进步与空间城镇化的发展水平一直稳步上升。而在 2018 年空间城镇化的水平处于最低位置，之后空间城镇化快速上升，经济与人口城镇化交织在一起，最终嘉峪关市新型城镇化的四个方面发展水平表现出的发展状态为：空间城镇化水平排在首位，社会进步城镇化水平排在第二，经济城镇化水平排在第三，人口城镇化水平排在末位。

从嘉峪关市新型城镇化四个方面各自的发展变化趋势来看，人口城镇化的发展水平呈现出"上升—下降"的波动趋势，但由于其上升幅度很小，人口城镇化发展水平最终位于新型城镇化四方面发展水平中的末位。结合人口城镇化中各指标权重，城镇就业人口比重对嘉峪关市人口城镇化发展进程的影响最大，但嘉峪关市城镇就业人口在 2010—2019 年出现了先升后降的态势，成为影响人口城镇化水平稳步提升的最重要因素之一。相比于人口城镇化，嘉峪关市的社会进步城镇化的发展水平在初始阶段虽然不是很高，但是其发展速度以及最终发展水平却位于新型城镇化四个方面中的首位，与此同时，社会进步城镇化各指标权重也相对较高，所以嘉峪关市社会进步城镇化是本市新型城镇化整体发展的决定因素。嘉峪关市经济城镇化出现了"先升—后降—再升"的态势，空间城镇化基本是持续稳步增长，在2019年经济城镇化、空间城镇化与社会进步城镇化发展出现交会点。

（六）河西走廊五地市新型城镇化综合指数汇总

表5-18　2010—2019年河西走廊五地市新型城镇化指标综合水平汇总

年份	2010	2011	2012	2013	2014	2015	2016	2017	2018	2019
武威	0.1225	0.2154	0.3117	0.4172	0.4568	0.5914	0.7065	0.7085	0.7211	0.8621
张掖	0.0571	0.1464	0.2972	0.4061	0.4873	0.6024	0.7010	0.7461	0.7823	0.8416
金昌	0.0694	0.1798	0.2970	0.3755	0.4348	0.5645	0.6152	0.6014	0.7466	0.8923
酒泉	0.1143	0.1746	0.3015	0.4361	0.4840	0.5958	0.7045	0.7056	0.7606	0.8341
嘉峪关	0.1745	0.2145	0.3721	0.4571	0.5136	0.5517	0.6294	0.6686	0.6517	0.8036

注：数据通过整理计算所得。

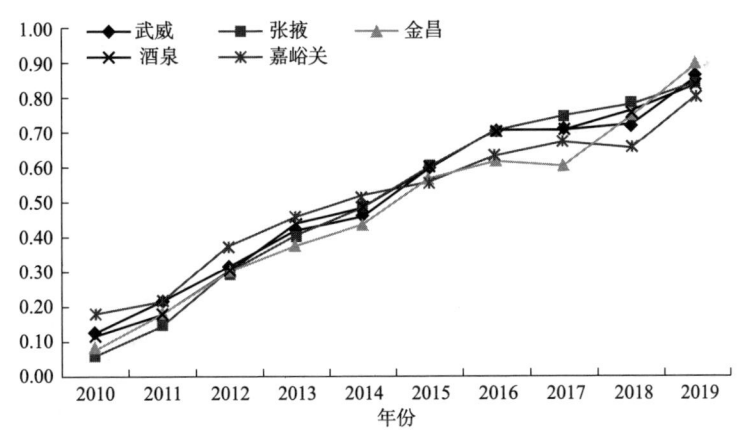

图5-6　2010—2019年河西走廊五地市新型城镇化综合指数趋势

从表5-18及图5-6河西走廊五地市新型城镇化综合指数分析中可以看出，河西走廊五地市新型城镇化综合水平都是初期低，后期持续稳步上升，最后呈现出金昌新型城镇化占据首位，武威新型城镇化居于次席，张掖新型城镇化位列第三，酒泉新型城镇化排名第四，嘉峪关新型城镇化排在末位的状态。综合来看是在党中央提出新型城镇化建设以及乡村振兴战略后，河西走廊五地市积极响应国家号召，同时根据甘肃省对发展新型城镇化战略的要求，积极实施相应的产业发展政策，主推农村经济质量稳步提升并巩固所取得的经济成果，努力开展"新农村"建设工作，大力提高农村居民收入，切实增强其生活幸福感，同时不断提高城乡一体化发展水平。基于此，新型城镇化发展在2010—2019年十年间呈现出蓬勃的态势。

第六章 西北干旱区生态安全质量综合评价——以河西走廊为例

改革开放四十多年来城镇化的巨大进步伴随而来的是生态环境的全面恶化，出现如"空间无序开发、人口过度集聚，重经济发展、轻环境保护，涉及食品、药品的公共安全事件频发，大气、水和土壤等污染加剧，社会公共服务提供能力不足，城中村及城乡接合部等城市外来人口聚集区居住环境差"等城市病，这些城市病实际上是由于城镇空间使用与资源和环境的承载能力不相匹配以及城镇规模和结构的不合理所造成的，本质上说就是各种生态资源和人口要素的组合不合理引发的生态文明与物质文明的严重冲突。新型城镇化要把生态文明的紧箍咒套在物质文明上，借生态之手来调控土地、人口和资金的流动，以确保新的城镇化朝着合理的方向发展，所以生态文明建设必须始终贯穿于整个新型城镇化的过程中。因此，在新型城镇化建设过程当中，维持生态安全是可持续发展的必要保障，也是新型城镇化建设中保护生态环境的内涵体现，维持生态安全和提高新型城镇化质量应并驾齐驱。因而为了解河西走廊五地市新型城镇化发展同生态安全的协调关系，开展对生态安全的评价工作尤为重要。

第一节　评价指标体系的构建

一　选取指标的确定

近年来对生态安全的关注和测度反映了人类社会把自然界当成人类无偿和无限提供资源及服务的传统观念的转变，是一种新型的人与自然和谐共生关系。生态安全是一个综合复杂的大系统，在对生态安全进行评价时，所选取的指标应真实全面地反映人类生存的生态环境压力变化或状态变化。区域生态安全不能用任何单一的生态环境因子加以正确、客观地表征，应该全面地考虑生态环境的影响因子。因此，生态安全评价体系的构建以全面性、科学性和易操作性作为指标选取的原则，在参考国内外文献的基础上，构建以 PSR（压力—状态—响应）模型为基础的评价体系。该模型注重分析人类活动对环境和自然资源之间的相互影响关系，比如人类活动会干扰土地生态系统平衡，生态环境会改变其现有状态，而人类则会根据土地生态环境的改变采取相应的行动，这三个环节紧密联系、相互影响、相互制约。借鉴已有研究成果，本研究根据 PSR 模型及其原理，从生态环境水平、生态环境压力和生态环境保护三个方面来综合分析河西走廊五地市生态安全状况，因此本研究从以上这三个方面入手，选取 18 个指标，更深层次、更全面地分析河西走廊五地市生态安全水平，并构建科学的评价指标体系。如表6-1所示。

（一）系统水平

人口增加带来的结果是人口对资源需求的增加，城镇化发展也在不断改变。水、燃气等的利用方式，既创造着更多的经济产出，也使生态系统水平受到压力扰动发生变化。因此，本研究选取全年供水总量、市辖区煤气供应总量、建成区绿化覆盖率、人均拥有公园绿地面积、城市用水普及率、城市燃气普及率6个指标，用这些指标反映生态系统在人口、社会、经济等扰动下的变动情况。

表 6-1　　　　　　　河西走廊五地市生态安全综合测度指标

总目标	一级指标	二级指标	指标
生态安全指标体系	水平	全年供水量（万立方米）	Y、2
		市辖区：煤气供应总量（亿立方米）	Y、2
		建成区绿化覆盖率（%）	Y、2
		人均拥有公园绿地面积（平方米）	Y、2
		城市用水普及率（%）	Y、2
		城市燃气普及率（%）	Y、2
	压力	城镇生活污水排放量（万吨）	Y、2
		工业废水排放量（万吨）	Y、2
		工业废气排放总量（亿立方米）	Y、2
		工业固体废物产生量（万吨）	Y、2
		工业二氧化硫排放量（万吨）	Y、2
		工业烟（粉）尘排放量（万吨）	Y、2
	保护	水利、环境、公共管理投资占GDP的比重（%）	Y、2
		城市污水厂日处理能力（万立方米）	Y、2
		废水处理设施数（套）	Y、2
		生活垃圾无害化处理率（%）	Y、2
		一般工业固体废物综合利用量（万吨）	Y、2
		市区空气质量优良达标率（%）	Y、2

（二）系统压力

人类一切的经济活动都围绕着资源的利用进行，会对生态安全产生侵扰。但是，城镇化发展会带来人口的变动，随着城镇人口增加，生态压力会有所上升，尤其因工业而产生的各种排放量，在一定程度上也会增加生态的压力。因此对于压力指标的选择，本研究选取城镇生活污水排放量、工业废水排放量、工业废气排放总量、工业固体废物产生量、工业二氧化硫排放量、工业烟（粉）尘排放量6个指标来反映人类活动对生态系统所产生的压力。

(三) 系统保护

系统保护是针对城镇化发展对生态系统产生的扰动下和建立在当前系统水平基础上做出的反映。通过对环境保护的投资，产值能源消耗强度高低的变动等表明人类对压力和状态水平做出的能动性的响应。因此，本研究选取水利、环境、公共管理投资占GDP的比重、城市污水厂日处理能力、废水处理设施数、生活垃圾无害化处理率、一般工业固体废物综合利用量、市区空气质量优良达标率6个指标来反映人类应对生态系统变化的能动性响应。

二 选取指标的权重计算

运用第四章所述的熵权法计算河西走廊五地市生态安全的各项指标权重，可以得出河西走廊五地市2010—2019年生态安全评价指标体系的各项指标权重。如表6-2、表6-3、表6-4、表6-5、表6-6所示。

表6-2　　　　2010—2019年武威市生态安全指标权重值

总目标	一级指标	二级指标	指标	熵值	权重
生态指标体系	水平	0.3992	$X、2$	0.7486	0.1028
			$X、2$	0.8681	0.0539
			$X、2$	0.8272	0.0707
			$X、2$	0.8860	0.0466
			$X、2$	0.9015	0.0403
			$X、2$	0.7926	0.0848
			$X、2$	0.8278	0.0704
	压力	0.3251	$X、2$	0.7794	0.0902
			$X、2$	0.9389	0.0250
			$X、2$	0.9074	0.0379
			$X、2$	0.8400	0.0654
			$X、2$	0.9118	0.0361

第六章 西北干旱区生态安全质量综合评价——以河西走廊为例

续表

总目标	一级指标	二级指标	指标	熵值	权重
生态指标体系	保护	0.2757	X、2	0.7911	0.0855
			X、2	0.9031	0.0396
			X、2	0.8760	0.0507
			X、2	0.8949	0.0430
			X、2	0.9333	0.0273
			X、2	0.9274	0.0297

注：数据通过整理计算所得。

表6-3　　2010—2019年张掖市生态安全指标权重值

总目标	一级指标	权重	指标	熵值	权重
生态指标体系	水平	0.3356	X、2	0.8954	0.0443
			X、2	0.7574	0.1027
			X、2	0.9444	0.0235
			X、2	0.7011	0.1265
			X、2	0.9542	0.0194
			X、2	0.9542	0.0194
	压力	0.4342	X、2	0.9118	0.0373
			X、2	0.8399	0.0678
			X、2	0.8320	0.0711
			X、2	0.7463	0.1074
			X、2	0.7698	0.0974
			X、2	0.8742	0.0532
	保护	0.2301	X、2	0.7776	0.0941
			X、2	1.0000	0.0000
			X、2	0.9351	0.0275
			X、2	0.9488	0.0217
			X、2	0.8487	0.0640
			X、2	0.9460	0.0228

注：数据通过整理计算所得。

表 6-4　　2010—2019 年金昌市生态安全指标权重值

总目标	一级指标	权重	指标	熵值	权重
生态指标体系	水平	0.3703	X、2	0.7449	0.1142
			X、2	0.8444	0.0697
			X3	0.8873	0.0505
			X4	0.8282	0.0769
			X5	0.9542	0.0205
			X6	0.9142	0.0384
	压力	0.3827	X7	0.9185	0.0365
			X8	0.8630	0.0614
			X9	0.9001	0.0447
			X10	0.7871	0.0954
			X、2	0.7958	0.0915
			X、2	0.8811	0.0532
	保护	0.2470	X、2	0.8644	0.0607
			X、2	1.0000	0.0000
			X、2	0.8575	0.0638
			X、2	1.0000	0.0000
			X、2	0.8465	0.0688
			X、2	0.8801	0.0537

注：数据通过整理计算所得。

表 6-5　　2010—2019 年嘉峪关市生态安全指标权重值

总目标	一级指标	权重	指标	熵值	权重
生态指标体系	水平	0.2342	X、2	0.9170	0.0300
			X、2	0.7734	0.0818
			X、2	0.8549	0.0524
			X、2	0.8061	0.0700
			X、2	1.0000	0.0000
			X、2	1.0000	0.0000

第六章 西北干旱区生态安全质量综合评价——以河西走廊为例

续表

总目标	一级指标	权重	指标	熵值	权重
生态指标体系	压力	0.2231	X、2	0.9114	0.0320
			X、2	0.8955	0.0377
			X、2	0.8319	0.0607
			X、2	0.9063	0.0339
			X、2	0.9058	0.0340
			X、2	0.9312	0.0248
	保护	0.5426	X、2	0.8108	0.0683
			X、2	0.6362	0.1314
			X、2	0.3807	0.2237
			X、2	0.9350	0.0235
			X、2	0.8808	0.0430
			X、2	0.8540	0.0527

注：数据通过整理计算所得。

表 6-6　2010—2019 年酒泉关市生态安全指标权重值

总目标	一级指标	权重	指标	熵值	权重
生态指标体系	水平	0.2613	X、2	0.8678	0.0515
			X、2	0.6891	0.1211
			X、2	0.9431	0.0222
			X、2	0.9111	0.0346
			X、2	1.0000	0.0000
			X、2	0.9181	0.0319
	压力	0.2517	X、2	0.8982	0.0397
			X、2	0.9200	0.0312
			X、2	0.8948	0.0410
			X、2	0.9034	0.0376
			X、2	0.8128	0.0729
			X、2	0.9248	0.0293

续表

总目标	一级指标	权重	指标	熵值	权重
生态指标体系	保护	0.4870	X、2	0.8846	0.0449
			X、2	0.4771	0.2037
			X、2	0.9125	0.0341
			X、2	0.9472	0.0206
			X、2	0.7075	0.1139
			X、2	0.8208	0.0698

注：数据通过整理计算所得。

第二节 生态安全综合指数确定

生态安全综合指数的计算方法见式（6.9）：

$$E = \sum_{j=1}^{m} P_j \times W_j \tag{6.9}$$

式中，E 为生态安全综合指数；P_j 为第 j 个评价指标的标准化值；W_j 为第 j 个评价指标的权重。

第三节 生态安全测度结果分析

根据河西走廊五地市 2010—2019 年生态环境数据，运用综合水平指数来测度生态环境各子系统的发展水平，生态安全综合指数的计算方法见式（6.9），通过计算可得河西走廊五地市生态安全综合评价结果如表 6-7、表 6-8、表 6-9、表 6-10、表 6-11 所示。同样为了更加直观地反映河西走廊五地市生态环境水平整体的发展变化趋势及各部分的相对发展状况，将表 6-7、表 6-8、表 6-9、表 6-10、表 6-11 河西走廊五地市生态安全各子系统的发展水平按时间序列绘制图 6-1、图 6-2、图 6-3、图 6-4、图 6-5。

一 武威市生态安全综合指数分析

由表6-7并结合图6-1可对2010—2019年武威市生态安全综合指数进行分析，结果表明2010—2019年武威市生态安全综合指数整体展现先降—后升的态势，数值变化情况明显，综合指数由2010年的0.5340下降至2011年的0.3309，2011—2019年生态安全值持续上升，由0.3309的较不安全的状态过渡到0.9393，发展趋势较为积极，生态安全水平大为改善，整体安全度向着更高等级发展。根据第五章表5-7的分级标准对武威市生态安全水平综合发展水平等级做进一步界定。由表6-8可知，武威市新型城镇化综合发展水平等级由2010年的中级发展阶段开始下降，经过2011—2012年的较低级发展阶段，2013—2015年的中级发展阶段，2016年的较高级发展阶段，最终发展为2017—2019年以后的高级发展阶段。这表明10年内武威市不断加强关于生态安全保护方面的工作，不断分析总结在社会经济发展和资源环境保护矛盾中所暴露的问题，并制定合理的生态环境建设规划。

表6-7　2010—2019年武威市生态安全指标综合水平

年份	2010	2011	2012	2013	2014	2015	2016	2017	2018	2019
水平指标	0.0446	0.0634	0.0764	0.1264	0.1785	0.2335	0.3411	0.4080	0.4426	0.4808
压力指标	0.3033	0.2036	0.1564	0.1515	0.0976	0.1160	0.2675	0.2646	0.1818	0.2082
保护指标	0.1861	0.0639	0.1191	0.1546	0.1323	0.1690	0.1271	0.2124	0.2395	0.2504
生态安全指标	0.5340	0.3309	0.3519	0.4325	0.4084	0.5185	0.7357	0.8850	0.8639	0.9393

注：数据通过整理计算所得。

表6-8　2010—2019年武威市生态安全指数与发展水平等级

年份	综合发展指数	发展水平等级
2010	0.5340	中级
2011	0.3309	较低级

续表

年份	综合发展指数	发展水平等级
2012	0.3519	较低级
2013	0.4325	中级
2014	0.4084	中级
2015	0.5185	中级
2016	0.7357	较高级
2017	0.8850	高级
2018	0.8639	高级
2019	0.9393	高级

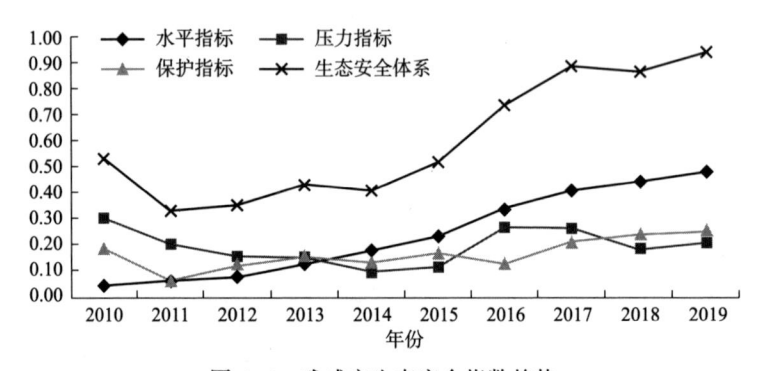

图6-1 武威市生态安全指数趋势

在此基础上，同样对武威市生态安全的生态水平、生态压力及生态保护三个要素层发展指数的变化趋势进行分析。由图6-1可知，从构成武威市生态安全三个方面的相对发展关系来看，武威市生态压力的初始发展水平最高，其次是生态保护，而生态水平状态的初始发展水平则是最低的。就其发展趋势而言，生态压力的整体发展水平呈现出"先下降—上升—再下降—再上升"的变化趋势，而生态水平呈现出持续上升的变化趋势，生态保护则始终处于持续波动的变化之中。最终生态水平保持最高，生态保护的发展水平反超生态压力的发展水平，生态压力的发展水平位于最后一位。由以上变化趋势可以看出，武威市生态安全的保护水平日益提升，生态水平随之日益提升，压力水平在进一步减小。究其原因是武威市"十二五""十三五"期间坚持"南护水源、中保绿洲、北治风沙"布局,针对生态安全问题具体分析,着力实施五大工程,扎实推进八大行动。适时采取大规模防沙治沙和绿地倍增行动、完成祁连山自然保护区生态环境150个问题全部整改及祁连山国家公园体制试点改革任务全面完成、补齐垃圾污水处理等环保短板、国家节水行动等举措,生态安全水平提升明显、生态环境质量得到明显改善。

二 张掖市生态安全综合指数分析

由表6-9并结合图6-2对2010—2019年张掖市生态安全综合指数进行分析,结果表明2010—2019年张掖市生态安全综合指数整体展现先降后升的态势,数值变化情况明显,综合指数呈现出先降—平稳—后升的态势,由2010年的0.4643下降到2011年的0.3555,而后一直维持在0.4左右,再从2016年的0.7464上升至2019年的0.9321,发展趋势较为积极,尤其是在2015年之后,生态安全水平迅猛提升,由0.4643的较不安全的状态过渡到0.9321,生态安全水平大为改善,整体安全度向着更高等级发展。根据第五章表5-7的分级标准对张掖市生态安全水平综合发展水平等级做进一步界定。由表6-10可知,张掖市生态安全综合发展水平等级由2010年的中级发展阶段开始下降,经过2011年的中级发展阶段,2011—2013年的较低级发展阶段,2014—2015年的中级发展阶段,2016年的较高级阶段,最终发展为2017—2019年以后的高级发展阶段。这表明10年内张掖市不断加强关于生态安全保护方面的工作,不断分析总结在社会经济发展和资源环境保护矛盾中所暴露的问题,并制定合理的生态环境建设规划。

表6-9　　2010—2019年张掖市生态安全指标综合水平

年份	2010	2011	2012	2013	2014	2015	2016	2017	2018	2019
水平指标	0.0012	0.1202	0.1481	0.1578	0.1891	0.1870	0.2818	0.2952	0.3216	0.3119
压力指标	0.3853	0.1189	0.0863	0.0981	0.1184	0.1375	0.3357	0.4207	0.4462	0.4583

续表

年份	2010	2011	2012	2013	2014	2015	2016	2017	2018	2019
保护指标	0.0779	0.1164	0.1333	0.1335	0.1577	0.1393	0.1289	0.1690	0.1629	0.1620
生态安全指标	0.4643	0.3555	0.3676	0.3894	0.4652	0.4638	0.7464	0.8849	0.9307	0.9321

注：数据通过整理计算所得。

表6-10　2010—2019年张掖市生态安全综合发展指数与发展水平等级

年份	综合发展指数	发展水平等级
2010	0.4643	中级
2011	0.3555	较低级
2012	0.3676	较低级
2013	0.3894	较低级
2014	0.4652	中级
2015	0.4638	中级
2016	0.7464	较高级
2017	0.8849	高级
2018	0.9307	高级
2019	0.9321	高级

在此基础上，同样对张掖市生态安全的生态水平、生态压力及生态保护三个要素层发展指数的变化趋势进行分析。由图6-2可知，从构成张掖市生态安全三个方面的相对发展关系来看，张掖市生态保护的初始发展水平最高，其次是生态压力，而生态水平状态的初始发展水平则是从零开始。就其发展趋势而言，生态保护的整体发展水平呈现出"先下降—后上升"的变化趋势，生态压力的整体发展水平也呈现出"先下降—后上升"的变化趋势，而生态水平呈现出持续上升的变化趋势。最终生态保护保持最高，生态水平的发展水平位于最后一位。究其原因是张掖市在城市建设过程中以生态文明为引领、依托城镇化的建设来拓宽"三条路子"、促进三次产业高水平协调发展的城市建设理念，不断调整完善城市建设总体规划，并着力建设城郊黑河湿

地，黑河湿地保护取得明显成效，滨河新区建设初见成效，"湿地之城""戈壁水乡"的优势与魅力开始凸显；同时老城区更新改造进度加快，交通设施、供水供热、电力通信、垃圾污水处理系统等基础设施也配套推进，生态城市建设步伐不断加快。

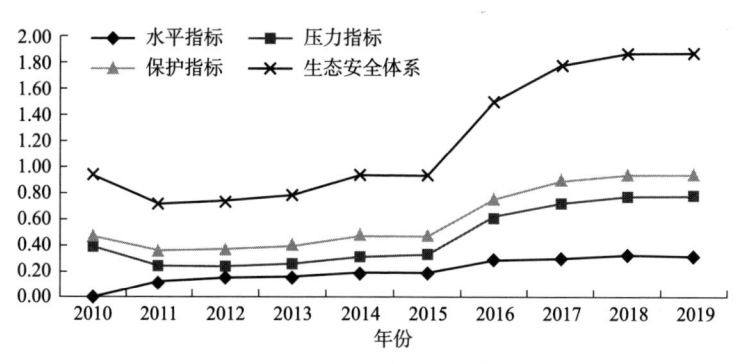

图6-2 张掖市生态安全指数趋势

三 金昌市生态安全综合指数分析

由表6-11并结合图6-3对2010—2019年金昌市生态安全综合指数进行分析，结果表明2010—2019年金昌市生态安全综合指数整体展现明显的"W"态势，数值变化情况明显，综合指数呈现出"先降—后升—再降—又升—平稳"的态势，由2010年的0.6863下降到2012年的0.3937，而后在2013年回升到0.5642，接着又降到2015年的0.4746，从2016年开始一直维持在0.75左右，发展趋势较为积极，整体安全度向着更高等级发展。根据第五章表5-7的分级标准对金昌市生态安全水平综合发展水平等级做进一步界定。由表6-12可知，金昌市生态安全综合发展水平等级由2010年的中级发展阶段开始下降，经过2011—2013年的较低级发展阶段，2014—2015年的中级发展阶段，2016年的比较高级阶段，最终发展为2017—2019年以后的高级发展阶段。这表明10年内金昌市不断加强关于生态安全保护方面的工作，不断分析总结在社会经济发展和资源环境保护矛盾中所暴露的问题，并制定合理的生态环境建设规划。

表6-11　　2010—2019年金昌市生态安全指标综合水平

年份	2010	2011	2012	2013	2014	2015	2016	2017	2018	2019
水平指标	0.2422	0.0856	0.0613	0.1888	0.2049	0.2224	0.2749	0.3020	0.3247	0.3149
压力指标	0.2962	0.1943	0.1707	0.1827	0.0866	0.1351	0.3652	0.3070	0.2855	0.2727
保护指标	0.1479	0.1393	0.1616	0.1927	0.1422	0.1171	0.0966	0.1525	0.1521	0.1803
生态安全指标	0.6863	0.4192	0.3937	0.5642	0.4337	0.4746	0.7366	0.7615	0.7623	0.7680

表6-12　2010—2019年金昌市生态安全综合发展指数与发展水平等级

年份	综合发展指数	发展水平等级
2010	0.6863	较高级
2011	0.4192	中级
2012	0.3937	较低级
2013	0.5642	中级
2014	0.4337	中级
2015	0.4746	中级
2016	0.7366	较高级
2017	0.7615	较高级
2018	0.7623	较高级
2019	0.7680	较高级

在此基础上，同样对金昌市生态安全的生态水平、生态压力及生态保护三个要素层发展指数的变化趋势进行分析。由图6-3可知，从构成金昌市生态安全三个方面的相对发展关系来看，金昌市生态保护的初始发展水平最高，其次是生态压力，而生态水平状态的初始发展水平则处于最低位置。就其发展趋势而言，生态保护的整体发展水平呈现出"先下降—后上升—再下降—再上升"的"W"形变化趋势，生态压力的整体发展水平也呈现出"先下降—后上升—再下降—再上

升"的变化趋势,而生态水平呈现出"先下降—后上升—持续上升"的变化趋势。最终生态保护保持最高,生态水平的发展水平位于最后一位。究其原因是金昌市立足典型工矿城市的实际,坚持把环境保护作为保障发展、保障民生的重要抓手,纳入经济社会发展主要目标统筹安排、同步推进、统一考核,从源头抓起,严格落实污染减排目标责任制,不断强化减排攻坚措施,发展循环经济模式。在发展循环经济的路上金昌市委、市政府提出资源循环利用,产业共生发展,科技引领支撑园区承载聚集,机制创新保障。

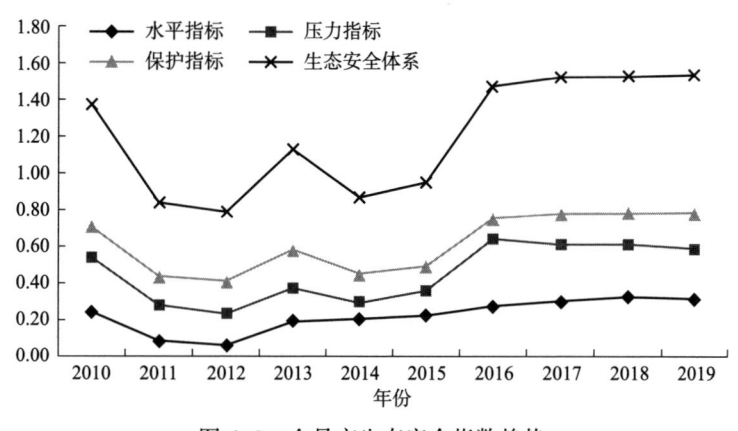

图 6-3 金昌市生态安全指数趋势

四 酒泉市生态安全综合指数分析

由表 6-13 并结合图 6-4 对 2010—2019 年酒泉市生态安全综合指数进行分析,结果表明 2010—2019 年酒泉市生态安全综合指数整体展现为持续平稳—上升态势,数值变化情况明显,由 2010 年的 0.5023 发展至 2016 年的 0.5462,2016 年到 2019 年从 0.5462 上升到 0.9579,发展趋势较为积极,整体安全度向着更高等级发展。根据第五章表 5-7 的分级标准对酒泉市生态安全水平综合发展水平等级做进一步界定。由表 6-14 可知,酒泉市生态安全综合发展水平等级由 2010—2012 年的中级发展阶段开始下降,经过 2013 年的较低级发展阶段和 2014—

2016 年的中级发展阶段，最终发展为 2017—2019 年以后的高级发展阶段。这表明 10 年内酒泉市不断加强关于生态安全保护方面的工作，不断分析总结在社会经济发展和资源环境保护矛盾中所暴露的问题，并制定合理的生态环境建设规划。

表 6-13　　　　2010—2019 年酒泉市生态安全指标综合水平

年份	2010	2011	2012	2013	2014	2015	2016	2017	2018	2019
水平指标	0.1094	0.0731	0.0559	0.1153	0.1564	0.1463	0.1558	0.2115	0.2700	0.2742
压力指标	0.2075	0.0977	0.0632	0.0790	0.1183	0.1398	0.1989	0.2157	0.1915	0.1984
保护指标	0.1853	0.3080	0.3472	0.2045	0.2105	0.1916	0.1914	0.4140	0.3841	0.4853
生态安全体系	0.5023	0.4789	0.4663	0.3988	0.4852	0.4777	0.5462	0.8411	0.8455	0.9579

表 6-14　2010—2019 年酒泉市生态安全综合发展指数与发展水平等级

年份	综合发展指数	发展水平等级
2010	0.5023	中级
2011	0.4789	中级
2012	0.4663	中级
2013	0.3988	较低级
2014	0.4852	中级
2015	0.4777	中级
2016	0.5462	中级
2017	0.8411	高级
2018	0.8455	高级
2019	0.9579	高级

在此基础上，同样对酒泉市生态安全的生态水平、生态压力及生态保护三个要素层发展指数的变化趋势进行分析。由图 6-4 可知，从构成酒泉市生态安全三个方面的相对发展关系来看，酒泉市生态保护

第六章　西北干旱区生态安全质量综合评价——以河西走廊为例

的初始发展水平最高，其次是生态压力，而生态水平状态的初始发展水平则处于最低位置。就其发展趋势而言，生态保护的整体发展水平呈现出"先上升—后下降—再上升—再下降—最后上升"的变化趋势，生态压力的整体发展水平呈现出"先下降—后上升—再下降"的变化趋势，而生态水平呈现出"先下降—后持续上升"的变化趋势。最终生态保护保持最高，生态压力的发展水平处于最后一位。究其原因，是酒泉市在巩固"十一五"生态环境保护成果的基础上，以"削减总量、调整结构、改善质量、防范风险、加快转变"为主线，以大力推进循环经济、防治环境污染为手段，以加快治理基础设施建设和生态环境保护为重点，以建设资源节约型和环境友好型社会为奋斗目标，坚持在发展中保护，保护中发展，积极探索具有酒泉特点的"代价小、效益好、排放低、可持续发展"的环境保护新道路，努力形成资源能源循环利用、人与自然和谐发展的良好局面。

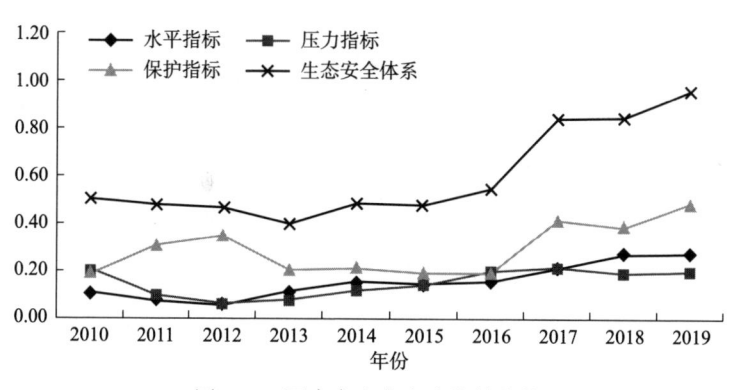

图 6-4　酒泉市生态安全指数趋势

五　嘉峪关市生态安全综合指数分析

由表 6-15 并结合图 6-5 对 2010—2019 年嘉峪关市生态安全综合指数进行分析，结果表明 2010—2019 年嘉峪关市生态安全综合指数整体展现出先降—后升的态势，数值变化情况明显，从 2010 年的 0.9666 下降到 2011 年的 0.5585，2012 年至 2016 年一直维持在 0.5 左右，从

2017年的0.6546回升到2019年的0.7042,发展趋势较为积极,整体安全度向着更高等级发展。根据第五章表5-7的分级标准对金昌市生态安全水平综合发展水平等级做进一步界定。由表6-16可知,嘉峪关市生态安全综合发展水平等级由2010年的高级发展阶段开始下降,经过2011—2016年的中级发展阶段,最终发展为2017—2019年以后的高级发展阶段。这表明10年内嘉峪关市不断加强关于生态安全保护方面的工作,不断分析总结在社会经济发展和资源环境保护矛盾中所暴露的问题,并制定合理的生态环境建设规划。

表6-15　　2010—2019年嘉峪关市生态安全指标综合水平

年份	2010	2011	2012	2013	2014	2015	2016	2017	2018	2019
水平指标	0.1070	0.1140	0.0865	0.0919	0.1217	0.1317	0.1724	0.1833	0.1959	0.2010
压力指标	0.2200	0.1841	0.1726	0.1573	0.0998	0.0626	0.0736	0.1146	0.1224	0.1319
保护指标	0.6396	0.2604	0.2457	0.2615	0.1977	0.2250	0.2994	0.3567	0.3984	0.3713
生态安全体系	0.9666	0.5585	0.5047	0.5107	0.4192	0.4193	0.5455	0.6546	0.7167	0.7042

表6-16　2010—2019年嘉峪关市生态安全综合发展指数与发展水平等级

年份	综合发展指数	发展水平等级
2010	0.9666	高级
2011	0.5585	中级
2012	0.5047	中级
2013	0.5107	中级
2014	0.4192	中级
2015	0.4193	中级
2016	0.5455	中级
2017	0.6546	较高级
2018	0.7167	较高级
2019	0.7042	较高级

第六章 西北干旱区生态安全质量综合评价——以河西走廊为例

在此基础上，同样对嘉峪关市生态安全的生态水平、生态压力及生态保护三个要素层发展指数的变化趋势进行分析。由图6-5可知，从构成嘉峪关市生态安全三个方面的相对发展关系来看，嘉峪关市生态保护的初始发展水平最高，其次是生态压力，而生态水平状态的初始发展水平则处于最低位置。就其发展趋势而言，生态保护的整体发展水平呈现出"先下降—后波动上升"的变化趋势，生态压力的整体发展水平呈现出"先下降—后略微上升"的变化趋势，而生态水平呈现出持续上升的变化趋势。最终生态保护保持最高，生态压力的发展水平处于最后一位。究其原因是把"促进经济发展与环境保护高度融合"作为环境保护的核心思想，以减少高危害污染物排放量为核心，以解决危害广大群众身体健康和影响社会可持续发展的环境问题为重点，立足嘉峪关市情，以"改善环境质量、优化经济发展、保障环境安全，建设生态文明"为重点，以环境基础设施建设和执法监管能力建设为保障，深化体制改革，持续加大环境保护方面的工作，落实环境保护长效监管机制正常运行，综合利用法律、经济、科技和行政手段，应用到保护环境的工作中，解决发展中的环境问题，为促进嘉峪关市实现经济、社会可持续发展提供坚实的环境保障。

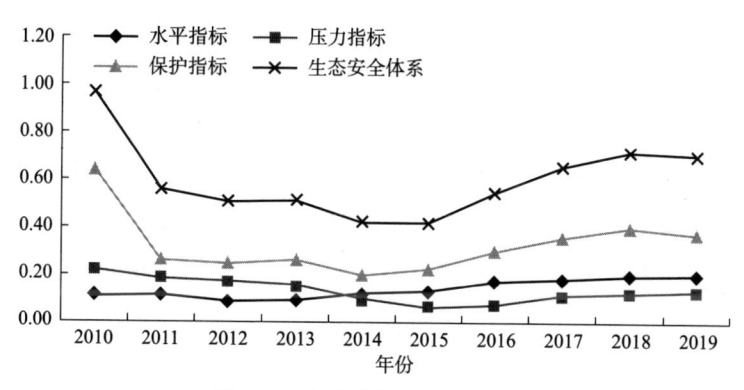

图6-5 嘉峪关市生态安全趋势

六　河西走廊五地市生态安全综合发展水平汇总

表6-17　2010—2019年河西走廊五地市生态安全综合发展水平汇总

年份	2010	2011	2012	2013	2014	2015	2016	2017	2018	2019
武威	0.534	0.3309	0.3519	0.4325	0.4084	0.5185	0.7357	0.885	0.8639	0.9393
张掖	0.4643	0.3555	0.3676	0.3894	0.4652	0.4638	0.7464	0.8849	0.9307	0.9321
金昌	0.6863	0.4192	0.3937	0.5642	0.4337	0.4746	0.7366	0.7615	0.7623	0.7680
酒泉	0.5023	0.4789	0.4663	0.3988	0.4852	0.4777	0.5462	0.8411	0.8455	0.9579
嘉峪关	0.9666	0.5585	0.5047	0.5107	0.4192	0.4193	0.5455	0.6546	0.7167	0.7042

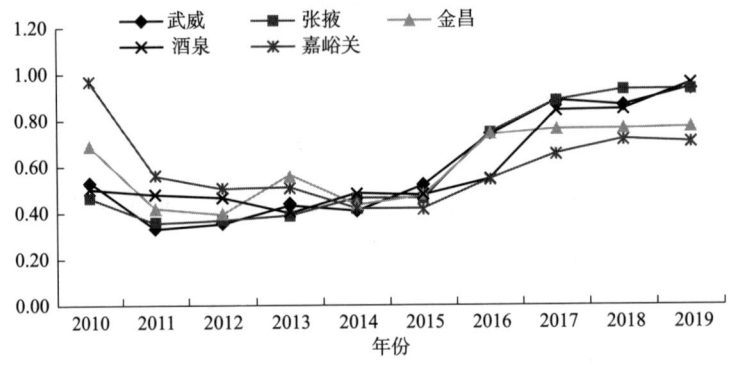

图6-6　2010—2019年河西走廊五地市生态安全综合发展水平趋势

从表6-17及图6-6河西走廊五地市生态安全综合指数分析，可以看出河西走廊五地市生态安全综合水平都呈现出波动中持续上升，具体为初期高，后期下降，最后持续上升，最后呈现出：酒泉生态安全＞武威生态安全＞张掖生态安全＞金昌生态安全＞嘉峪关新型城镇化。究其原因是河西走廊五地市的生态安全发展立足于自身的生态特点，积极响应国家及甘肃省以发展生态经济，建设生态文明，促进科学发展为主题，制定了适应于自身生态安全发展的政策，采取了适宜的举措。在坚持生态优先，产业并重，科学规划，整体推进的原则下，大力实施重点生态工程，不断改善生态环境，发展生态经济和建设生态文化并行，形成以保护生态环境、节约能源资源为导向的发展模式，实现

第六章 西北干旱区生态安全质量综合评价——以河西走廊为例

人与自然和谐共处，为推动河西五地市社会全面协调可持续发展奠定坚实的生态基础。但河西走廊五地市经济社会发展中长期积累的生态安全矛盾和问题仍较突出，比如基础设施条件较差、环保措施滞后、生态管理机制尚不健全、循环经济的集中度和组织化程度比较低、清洁生产和淘汰落后产能缺乏等，在未来经济社会发展的过程中仍需要在现有生态安全成果的基础上，加大环境治理、加大环境保护、加大循环经济建设。

第七章 西北干旱区新型城镇化与生态安全协调关系——以河西走廊地区为例

通过第五章与第六章计算，得到了河西走廊地区五地市新型城镇化综合数值和生态安全综合数值这两个指标，并在此基础上，建立反映二者协调发展关系的数学模型，构建河西走廊地区五地市2010—2019年新型城镇化水平和生态安全之间的耦合协调度模型，以此分析系统之间各个要素之间的耦合情况，进而明晰二者的协调发展关系，为西北干旱区进行科学规划、发展新型城镇化和保护生态安全提出对策和建议。

第一节 协调关系研究方法

一 耦合度函数

根据目前学术界关于耦合协调模型的应用，本书借鉴比较成熟的新型城镇化与生态安全水平两系统的耦合度模型，可表示为：

$$C = \left[\frac{u_1 u_2}{\left(\frac{u_1 + u_2}{2} \right)^2} \right]^{\frac{1}{2}} \tag{7.1}$$

式中，C 表示耦合度，u_1 是新型城镇化综合指数值，u_2 为生态安

第七章 西北干旱区新型城镇化与生态安全协调关系——以河西走廊地区为例

全综合指数值，取值范围 0 到 1。本书采用传统的耦合协调度评判标准，借鉴党建华等（2015）的研究，将耦合度状态分为 5 个级别，具体为表 7-1。

表 7-1 新型城镇化与生态环境系统耦合协调度（C）的划分及阶段特征

协调度类型	C 值区间	发展特点
耦合度为 0	C=0	系统走向无序发展，系统之间无关联影响
耦合度极低	0<C≤0.6	生态环境破坏较低，基本承载城镇化发展
拮抗阶段	0.6<C≤0.7	生态环境逐渐破坏，承载城镇化发展变弱
磨合阶段	0.7<C≤0.9	城镇发展修复生态，系统进入良性耦合期
耦合度极高	0.9<C≤1	系统走向有序发展，系统之间关联度密切

二 耦合协调度模型

上述的耦合度模型只能计算出各系统在静止状态的程度，因此构建耦合协调度模型来测算新型城镇化和生态安全的动态协调情况，具体模型如下所示：

$$D = \sqrt{C \times T} \quad (7.2)$$

$$T = \alpha \times U_1 + \beta \times U_2 \quad (7.3)$$

式中，D 为耦合协调度，T 为综合协调指数，因为生态安全能在一定程度上促进新型城镇化建设，但新型城镇化发展并非只受生态安全这一单因素影响，为反映两系统的真实协调效应、根据具体情况取 $\alpha=0.4$，$\beta=0.6$。D 值越大则表明新型城镇化与生态安全之间协调发展的水平越高，反之亦然。

借鉴姜磊、柏玲、吴玉鸣（2017）等使用的耦合协调度发展类型来确定协调发展的类型及划分标准，如表 7-2 所示。

表 7-2 耦合协调度等级划分类型

耦合协调度	协调等级	$U_1>U_2$	$U_1=U_2$	$U_1<U_2$
0<D≤0.1	极度失调	生态安全滞后	同步发展	城镇化滞后
0.1<D≤0.2	严重失调	生态安全滞后	同步发展	城镇化滞后

续表

耦合协调度	协调等级	$U_1 > U_2$	$U_1 = U_2$	$U_1 < U_2$
$0.2 < D \leq 0.3$	中度失调	生态安全滞后	同步发展	城镇化滞后
$0.3 < D \leq 0.4$	轻度失调	生态安全滞后	同步发展	城镇化滞后
$0.4 < D \leq 0.5$	濒临失调	生态安全滞后	同步发展	城镇化滞后
$0.5 < D \leq 0.6$	勉强协调	生态安全滞后	同步发展	城镇化滞后
$0.6 < D \leq 0.7$	初级协调	生态安全滞后	同步发展	城镇化滞后
$0.7 < D \leq 0.8$	中级协调	生态安全滞后	同步发展	城镇化滞后
$0.8 < D \leq 0.9$	良好协调	生态安全滞后	同步发展	城镇化滞后
$0.9 < D \leq 1.0$	优质协调	生态安全滞后	同步发展	城镇化滞后

第二节 结果与分析

将新型城镇化水平综合数值 u_1 和生态安全综合数值 u_2 带入耦合度公式计算可得河西走廊五地市 2010—2019 年新型城镇化和生态安全耦合度 C；而后通过公式 (7.2)、公式 (7.3) 计算可得河西走廊五地市 2010—2019 年新型城镇化和生态安全耦合协调度。

一 武威市新型城镇化和生态安全的耦合度与耦合协调度分析

由表 40 可以看出，武威市新型城镇化建设与生态环境两系统间的耦合程度有较高的初始水平，并且后续几年持续保持高水平稳定发展的势头。两系统间耦合度的数值在 2010 年到 2011 年由 0.7791 上升到 0.9774，并在 2011 年以后进入 0.9 以上的持续高水平阶段。参考表 7-1 中的分类标准，从两者间耦合发展阶段来看，2011 年以前武威市新型城镇化与生态环境两系统间的耦合发展阶段尚处于磨合期，两个系统之间的协调性较差，在这种耦合发展阶段中两者相互作用较小，两系统在彼此磨合和适应中相互影响。在 2011 年及以后武威市新型城镇化与生态环境两个系统间持续保持高水平的耦合，在此耦合发展阶

第七章　西北干旱区新型城镇化与生态安全协调关系——以河西走廊地区为例

段中两个系统的关联带动性与交互影响程度都很强，两个系统也在耦合作用的交互下发展得更加趋于有序。与此同时，两个系统间的协调程度也表现出逐年增强的发展趋势。

表 7-3　武威市新型城镇化与生态安全的耦合度和耦合协调度

年份	新型城镇化指数	生态安全指数	耦合度 C	耦合协调度 D	协调等级
2010	0.1225	0.5340	0.7791	0.5057	勉强协调
2011	0.2154	0.3309	0.9774	0.5167	
2012	0.3117	0.3519	0.9982	0.5755	
2013	0.4172	0.4325	0.9998	0.6518	初级协调
2014	0.4568	0.4084	0.9984	0.6572	
2015	0.5914	0.5185	0.9978	0.7441	中级协调
2016	0.7065	0.7357	0.9998	0.8491	良好协调
2017	0.7085	0.8850	0.9938	0.8899	
2018	0.7211	0.8639	0.9959	0.8884	
2019	0.8621	0.9393	0.9991	0.9486	优质协调

注：数据通过整理计算所得。

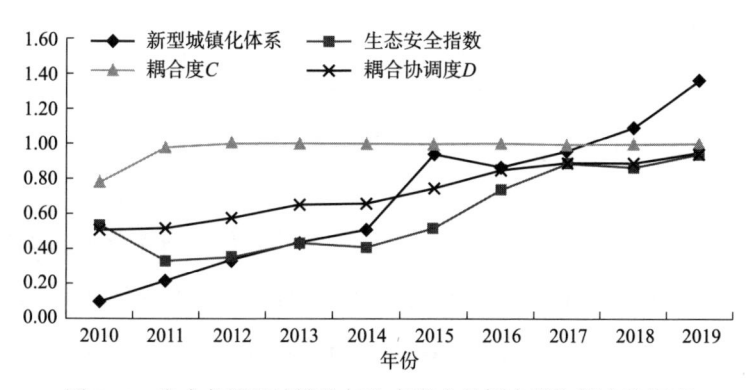

图 7-1　武威市新型城镇化与生态安全的耦合度和耦合协调度

结合表 7-3 及图 7-1 可知，在 2010—2019 年武威市新型城镇化与生态环境的耦合协调度在 2011 年略有下降，之后近十年间两系统间的耦合协调水平均保持上升态势，耦合协调度由起始年份 2010 年的 0.5057 最终上升到 2019 年的 0.9486。

· 135 ·

参考表7-2中耦合协调水平的判别标准可知：

（1）在2010—2012年武威市新型城镇化与生态环境两系统间的耦合协调发展阶段还处于勉强协调发展阶段，两个系统从相互独立走向相互依赖，从无序发展向有序发展，在这一发展阶段下新型城镇化与生态环境两系统自身的发展水平均有所提升，且两个系统在自身得以发展的过程中也在试探性地构建一种能够使两个系统同时协调有序发展的良性发展模式。

（2）从2013—2014年武威市新型城镇化与生态环境两系统间的耦合协调发展阶段为初级协调发展型，这种耦合协调发展类型意味着此时武威市新型城镇化与生态环境两个系统在自身发展水平提升的同时初步形成了能够促进两个系统协调同步发展的途径与模式。

（3）2015年所对应的耦合协调发展类型为中级协调发展型，这种耦合协调发展类型是在初级协调发展类型的基础上两系统间的协调性进一步增强而形成的协调发展类型。

（4）2016—2018年所对应的耦合协调发展类型最终上升为优质协调发展型，在此种发展类型下，意味着武威市新型城镇化与生态环境两个系统内部都达到了较高的发展水平且两个系统之间达到了较为稳定的协调发展状态，二者间能够形成彼此影响、相互带动的良性互动发展模式。

（5）2019年所对应的耦合协调发展类型最终上升为优质协调发展型，在此种发展类型下，意味着武威市新型城镇化与生态环境两个系统内部都达到了非常高的发展水平且两个系统之间达到了更为稳定的协调发展状态，二者间仍在继续形成彼此影响、相互带动的良性互动发展模式。

二 张掖市新型城镇化和生态安全的耦合度与耦合协调度分析

由表7-4可以看出，张掖市新型城镇化与生态环境两个系统间的

第七章 西北干旱区新型城镇化与生态安全协调关系——以河西走廊地区为例

耦合度有较高的初始水平,并且后续几年持续保持高水平稳定发展的势头。两系统间耦合度的数值由2010年的0.6244上升到2011年的0.9091,并在2011年以后进入0.9以上的持续高水平阶段。参考表7-1中的分类标准,通过对二者间耦合发展阶段的分析,2011年以前张掖市新型城镇化与生态环境两个系统间的耦合发展尚处于拮抗发展阶段,在这种耦合发展阶段中两者相互影响较小,两系统彼此间不适应。在2011年及以后张掖市新型城镇化与生态环境两个系统间的耦合关系趋于协调,在2016年达到了协调共进的高水平阶段。在此阶段,两个系统间的相互带动性与相互影响程度都很强,两个系统也在耦合作用的带动下逐步进入有序发展的阶段。与此同时,两个系统间的协调度也呈现出由弱到强逐年递增的发展趋势。

表7-4 张掖市新型城镇化与生态安全的耦合度和耦合协调度

年份	新型城镇化指数	生态安全指数	耦合度 C	耦合协调度 D	协调等级
2010	0.0571	0.4643	0.6244	0.4035	濒临失调
2011	0.1464	0.3555	0.9091	0.4777	
2012	0.2972	0.3676	0.9944	0.5749	勉强协调
2013	0.4061	0.3894	0.9998	0.6306	初级协调
2014	0.4873	0.4652	0.9997	0.6900	
2015	0.6024	0.4638	0.9915	0.7270	中级协调
2016	0.7010	0.7464	0.9995	0.8505	良好协调
2017	0.7461	0.8849	0.9964	0.9014	
2018	0.7823	0.9307	0.9962	0.9237	优质协调
2019	0.8416	0.9321	0.9987	0.9411	

注:数据通过整理计算所得。

结合表7-4及图7-2可知,在2010—2019年张掖市新型城镇化与生态环境的耦合协调度在2010—2016年两系统间的耦合协调水平迎来快速增长,并在近十年间整体表现出稳步增长的发展趋势,耦合协调度由起始年份2010年的0.4035最终上升到2019年的0.9411。

参考表7-2中耦合协调水平的判别标准可知:

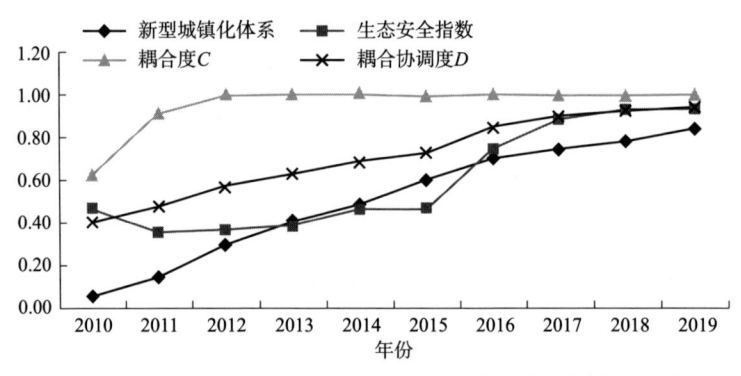

图 7-2 张掖市新型城镇化与生态安全的耦合度和耦合协调度

（1）在 2010—2011 年张掖市新型城镇化与生态环境两系统间的耦合协调发展阶段还处于濒临失调发展阶段，两个系统间独立，处于无序发展的阶段，两系统本身的发展水平滞后。

（2）在 2012 年张掖市新型城镇化与生态环境两系统间的耦合协调发展阶段还处于勉强协调发展阶段，两个系统从相互独立走向相互依赖，从无序发展向有序发展，在这一发展阶段下新型城镇化与生态环境两系统自身的发展水平均有所提高，且两个系统在自身得以发展的过程中也在试探性地构建一种能够使两个系统同时协调有序发展的良性发展模式。

（3）2013—2014 年两系统所对应的是初级协调阶段，这种耦合协调发展类型表征着此时张掖市新型城镇化与生态环境两个系统在自身发展水平提升的同时，形成了能够促进两个系统协调同步发展的路径与方式。

（4）2015 年两系统所对应的是中级协调阶段，这种耦合协调发展类型是在初级协调发展的基础上两系统间的耦合性进一步增强而形成的协调发展类型。

（5）2016 年两系统所对应的是良好协调阶段，意味着张掖市的新型城镇化与生态环境两系统都达到了较高的发展水平且两个系统之间达到了较为稳定的协调发展状态，二者间能够形成相互作用、较强联

第七章 西北干旱区新型城镇化与生态安全协调关系——以河西走廊地区为例

动性的正向互动发展模式。

（6）2017—2019年两系统所对应的是优质协调阶段，这种耦合协调发展过程意味着此时张掖市新型城镇化与生态环境两个系统更为稳定的协调发展状态，二者间仍继续保持相互作用、较强联动性的正向互动发展模式。

三 金昌市新型城镇化和生态安全的耦合度与耦合协调度分析

由表7-5可以看出，金昌市新型城镇化与生态环境两个系统间的耦合度有较高的初始水平，并且后续几年持续保持高水平稳定发展的势头。两系统间耦合度的数值由2010年的0.5774上升到2011年的0.9167，并在2011年以后始终保持在0.9以上。参考表7-1中的分类标准，从二者间耦合发展阶段的角度来看，2011年以前金昌市新型城镇化与生态环境两个系统间的耦合发展阶段皆处于耦合度较低的发展阶段，两个系统之间的协调性较差，在这种耦合发展阶段中两者相互影响较小，两个系统在彼此适应与磨合中相互影响。在2011年及以后金昌市新型城镇化与生态环境两个系统间一直保持高水平的耦合发展阶段，在此耦合发展阶段中两个系统的关联带动性与交互影响程度都很强，两个系统也在耦合作用的交互下发展得更加趋于有序。与此同时，两个系统间的协调度也呈现出由弱到强逐年递增的发展趋势。

表7-5　金昌市新型城镇化与生态安全的耦合度和耦合协调度

年份	新型城镇化指数	生态安全指数	耦合度 C	耦合协调度 D	协调等级
2010	0.0694	0.6863	0.5774	0.4671	濒临失调
2011	0.1798	0.4192	0.9167	0.5240	勉强协调
2012	0.2970	0.3937	0.9902	0.5848	勉强协调
2013	0.3755	0.5642	0.9796	0.6784	初级协调
2014	0.4348	0.4337	0.9925	0.6590	初级协调

续表

年份	新型城镇化指数	生态安全指数	耦合度 C	耦合协调度 D	协调等级
2015	0.5645	0.4746	0.9963	0.7195	中级协调
2016	0.6152	0.7366	0.9960	0.8205	良好协调
2017	0.6014	0.7615	0.9931	0.8226	良好协调
2018	0.7466	0.7623	0.9999	0.8686	良好协调
2019	0.8923	0.7680	0.9972	0.9098	优质协调

注：数据通过整理计算所得。

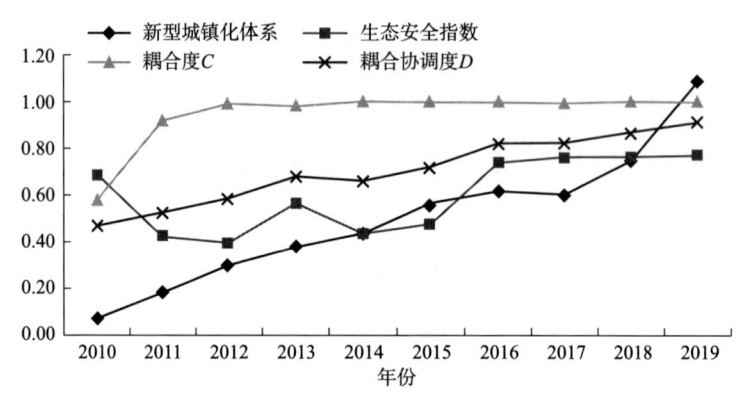

图 7-3 金昌市新型城镇化与生态安全的耦合度和耦合协调度

结合表 7-5 及图 7-3 可知，在 2010—2013 年金昌市新型城镇化与生态环境的耦合协调度持续增加，在 2010—2019 年近十年间，两系统间的耦合协调水平整体表现出波动上升的发展趋势，耦合协调度由起始年份 2010 年的 0.4671 最终上升到 2019 年的 0.9098。

参考表 7-2 中耦合协调水平的判别标准可知：

（1）在 2010 年金昌市新型城镇化与生态环境两系统间的耦合协调发展阶段还处于濒临失调发展阶段，两个系统间独立，处于无序发展的阶段，两系统本身的发展水平滞后。

（2）在 2011—2012 年张掖市新型城镇化与生态环境两系统间的耦合协调发展阶段处于勉强协调阶段，两个系统间从独立走向依赖，从无序走向有序，在这一发展阶段下新型城镇化与生态环境两系统本身

第七章　西北干旱区新型城镇化与生态安全协调关系——以河西走廊地区为例

的发展水平均有所提升，且两个系统在自身发展的过程中正在试探性地建立一种能够同时促进两个系统协调有序发展的正向发展模式。

（3）2013—2014年两系统所对应的是初级协调阶段，这种耦合协调发展类型意味着此时金昌市新型城镇化与生态环境两个系统在自身发展水平提升的同时初步形成了能够促进两个系统协调同步发展的途径与模式。

（4）2015年两系统所对应的是中级协调阶段，这种耦合协调发展类型是在初级协调发展类型的基础上两系统间的协调性进一步增强而形成的协调发展类型。

（5）2016—2018年两系统所对应的是良好协调阶段，意味着金昌市的新型城镇化与生态环境两个系统内部都达到了较高的发展水平且两个系统之间达到了较为稳定的协调发展状态，二者间能够形成彼此影响、相互带动的良性互动发展模式。

（6）2019年两系统所对应的是优质协调阶段，这种耦合协调发展过程意味着此时张掖市新型城镇化与生态环境两个系统更为稳定的协调发展状态，二者间仍在继续形成彼此影响、相互带动的良性互动发展模式。

四　酒泉市新型城镇化和生态安全的耦合度与耦合协调度分析

由表7-6可以看出，酒泉市新型城镇化与生态环境两个系统间的耦合度的初始水平较高且呈现出高水平稳定发展的趋势。两系统间耦合度的数值由2010年的0.5774上升到2011年的0.9167，并在2011年以后始终保持在0.9以上。参考表7-1中的分类标准，分析二者间耦合关系的发展阶段，我们发现：2011年以前酒泉市新型城镇化与生态环境两个系统间的耦合发展阶段皆处于较低水平的发展阶段，在2010年协调等级甚至濒临失调，在这种耦合发展阶段中制约新型城镇化与生态环境之间相互影响的因素较少，两系统彼此不适应。在2011年及以后酒泉市新型城镇化与生态环境两个系统间一直保持高水平的耦合发展阶段，在此耦合发展阶段中两个系统的关联带动性与交互影响程度都很强，两个系统也在耦合作用的交互下发展得更加趋于有序。与此同时，两个系统间的协调度也呈现出由弱到强逐年递增的发展趋势。

表 7-6　酒泉市新型城镇化与生态安全的耦合度和耦合协调度

年份	新型城镇化指数	生态安全指数	耦合度 C	耦合协调度 D	协调等级
2010	0.1143	0.5023	0.5774	0.4895	濒临失调
2011	0.1746	0.4789	0.9167	0.5377	勉强协调
2012	0.3015	0.4663	0.9902	0.6123	初级协调
2013	0.4361	0.3988	0.9796	0.6458	初级协调
2014	0.4840	0.4852	0.9999	0.6961	初级协调
2015	0.5958	0.4777	0.9963	0.7304	中级协调
2016	0.7045	0.5462	0.9960	0.7876	中级协调
2017	0.7056	0.8411	0.9931	0.8777	良好协调
2018	0.7606	0.8455	0.9964	0.8955	良好协调
2019	0.8341	0.9579	0.9851	0.9454	优质协调

注：数据通过整理计算所得。

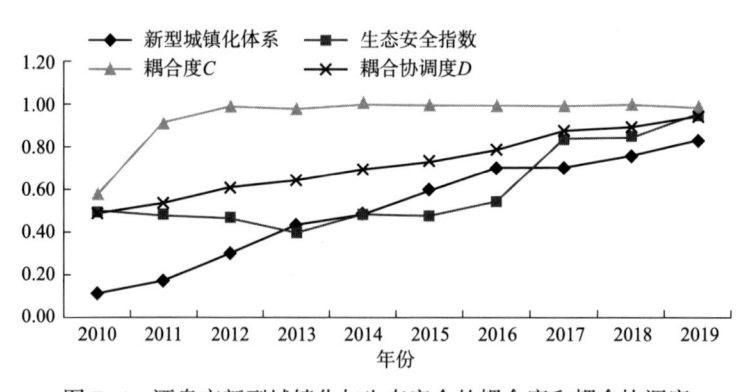

图 7-4　酒泉市新型城镇化与生态安全的耦合度和耦合协调度

结合表 7-6 及图 7-4 可知，在 2010—2019 年酒泉市新型城镇化与生态环境的耦合协调度呈持续增长的趋势，这表明在 2010—2019 年两

第七章　西北干旱区新型城镇化与生态安全协调关系——以河西走廊地区为例

系统间的耦合协调水平整体表现持续向好，耦合协调度由起始年份 2010 年的 0.4895 最终上升到 2019 年的 0.9454。

参考表 7-2 中耦合协调水平的判别标准可知：

（1）在 2010 年酒泉市新型城镇化与生态环境两系统间的耦合协调发展阶段还处于濒临失调发展阶段，两个系统间独立，处于无序发展的阶段，两系统本身的发展水平滞后。

（2）在 2011 年酒泉市新型城镇化与生态环境两系统间的耦合协调发展阶段处于勉强协调阶段，两个系统间从独立走向依赖，从无序走向有序，在这一发展阶段下新型城镇化与生态环境两系统本身的发展水平均有所提升，且两个系统在自身发展的过程中正在试探性地建立一种能够同时促进两个系统协调有序发展的正向发展模式。

（3）2012—2014 年两系统所对应的是初级协调阶段，这种耦合协调发展类型意味着此时武威市新型城镇化与生态环境两个系统在自身发展水平提升的同时初步形成了能够促进两个系统协调同步发展的途径与模式。

（4）2015—2016 年两系统所对应的是中级协调阶段，这种耦合协调发展类型是在初级协调发展类型的基础上两系统间的协调性进一步增强而形成的协调发展类型。

（5）2017—2018 年两系统所对应的是良好协调阶段，意味着酒泉市的新型城镇化与生态环境两个系统内部都达到了较高的发展水平且两个系统之间达到了较为稳定的协调发展状态，二者间能够形成彼此影响、相互带动的良性互动发展模式。

（6）2017—2019 年两系统所对应的是优质协调阶段，这种耦合协调发展过程意味着此时酒泉市新型城镇化与生态环境两个系统更为稳定的协调发展状态，二者间仍在继续形成彼此影响、相互带动的良性互动发展模式。

五 嘉峪关市新型城镇化和生态安全的耦合度与耦合协调度分析

由表7-7可以看出，嘉峪关市新型城镇化与生态环境两个系统的耦合程度有较高的初始水平，并且后续几年持续保持高水平稳定发展的势头。两系统间耦合度的数值在2010年到2012年之间由0.7199上升到0.9885，并且在2012年以后进入0.9以上的高水平发展阶段。参考表7-1中的分类标准，通过分析二者间耦合发展阶段发现，2012年以前嘉峪关市新型城镇化与生态环境两系统间的耦合发展尚处于磨合阶段，初期两者之间的相互影响较弱，之后在这种耦合发展阶段中城镇发展的同时修复生态，系统进入良性耦合期，在2012年及以后嘉峪关市新型城镇化与生态环境两个系统间一直处于高水平的耦合发展阶段，在此阶段中两个系统的相互带动性与相互影响程度都很强，两个系统也在耦合作用下更加趋于有序地发展。与此同时，这两个系统间的协调程度也表现出波动上升的发展趋势。

表7-7　嘉峪关市新型城镇化与生态安全的耦合度和耦合协调度

年份	新型城镇化指数	生态安全指数	耦合度 C	耦合协调度 D	协调等级
2010	0.1745	0.9666	0.7199	0.6409	初级协调
2011	0.2145	0.5585	0.8955	0.5883	勉强协调
2012	0.3721	0.5047	0.9885	0.6583	初级协调
2013	0.4571	0.5107	0.9985	0.6951	初级协调
2014	0.5136	0.4192	0.9949	0.6812	初级协调
2015	0.5517	0.4193	0.9907	0.6935	初级协调
2016	0.6294	0.5455	0.9974	0.7655	中级协调
2017	0.6686	0.6546	0.9999	0.8133	良好协调
2018	0.6517	0.7167	0.9989	0.8267	良好协调
2019	0.8036	0.7042	0.9978	0.8673	良好协调

注：数据通过整理计算所得。

结合表7-7及图7-5可知，在2010—2019年嘉峪关市新型城镇化

第七章 西北干旱区新型城镇化与生态安全协调关系——以河西走廊地区为例

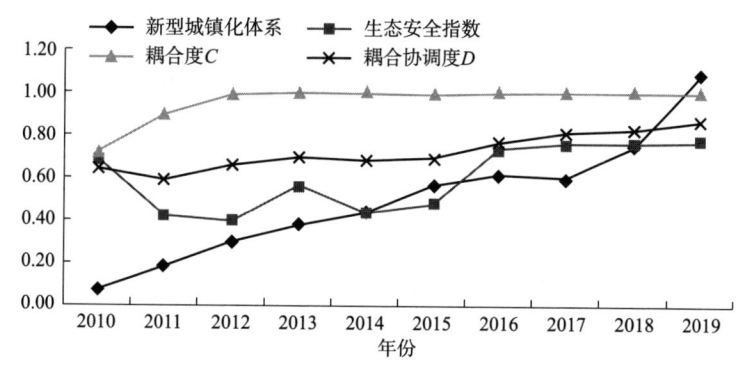

图 7-5 嘉峪关市新型城镇化与生态安全的耦合度和耦合协调度

与生态环境的耦合协调度处于缓慢增长、波动上升的状态。这表明在2010—2019年两系统间的耦合协调水平整体表现出波动上升的发展趋势，耦合协调度由起始年份2010年的0.6409最终上升到2019年的0.8673。

参考表7-2中耦合协调水平的判别标准可知：

（1）在2010年及2012—2015年嘉峪关市新型城镇化与生态环境两系统间的耦合协调发展阶段还处于初级协调发展阶段，两个系统间独立，处于无序发展的阶段，两系统本身的发展水平滞后。

（2）在2011年嘉峪关市新型城镇化与生态环境两系统间的耦合协调发展阶段处于勉强协调阶段，两个系统间从独立走向依赖，从无序走向有序，在这一发展阶段下新型城镇化与生态环境两系统本身的发展水平均有所提升，且两个系统在自身发展的过程中正在试探性地建立一种能够同时促进两个系统协调有序发展的正向发展模式。

（3）2016年两系统所对应的是中级协调阶段，这种耦合协调发展类型是在初级协调发展类型的基础上两系统间的协调性进一步增强而形成的协调发展类型。

（4）2017—2019年两系统所对应的是良好协调阶段，意味着嘉峪关市的新型城镇化与生态环境两个系统内部都达到了较高的发展水平且两个系统之间达到了较为稳定的协调发展状态，二者间能够形成彼此影响、相互带动的良性互动发展模式。

六 河西走廊五市新型城镇化和生态安全的耦合度与耦合协调度分析

从河西走廊地区五地市新型城镇化和生态环境两者的相对发展程度分析可得，两个子系统间的耦合关系并未达到理想状态的等同，但经过2010—2019年十年间不断地科学协调经济社会发展、产业结构调整、资源开发与保护之间的矛盾关系，河西走廊地区五地市新型城镇化与生态环境水平同时提高，基本都经历了濒临失调、勉强协调、初级协调、中级协调、良好协调、优质协调的发展阶段，二者互相影响、协调有度、友好并进。很明显，随着新型城镇化水平的提高，生态环境水平会略有下降，所以各地市在现有成果巩固的基础上，继续协调好两系统，做到既使新型城镇化获得发展，也保护生态安全。

第八章　新型城镇化与生态安全协调发展的国际经验及借鉴

世界上许多国家自 1971 年联合国教科文组织首次提出"生态城市"的概念后对生态城市建设进行了持续的探索与实践，他们从目标与标准、土地利用模式、交通运输方式、社区管理模式、城市生态立法与实施、生态科技开发等方面积累了许多宝贵的经验，并形成了各具特色的发展模式。

中国生态城市建设起步于 20 世纪 80 年代。中国目前正处在快速城镇化阶段，是城市实现生态转型的关键节点，依然面临着诸多问题和难题。因此，本章拟在总结德国、新加坡、巴西 3 个国家生态城镇发展的基础上，分析比较汲取这些国家在生态城镇建设中的经验教训、成败得失，对高质量、可持续地推进西北干旱区生态城镇化建设有重要的借鉴意义。

第一节　国外生态城市建设案例及经验分析

一　德国

20 世纪 70 年代之前，德国也经历了严重污染，之后通过不断完善环境保护相关法律法规，提高强化全民环保意识，助推产业转型升级，优化改善环境,从根本上改变了国家生态环境乃至经济发展方式。比如,位于德国西南边陲的弗莱堡,将自然环境作为重要的资本加以保护,是公认的生态城市建设典范,被誉为"欧洲环保和生态之都"。德国主要采取的具体措施如下:

一是注重环保立法。德国环保立法意识超前。第一部环保法——《垃圾处理法》早在20世纪70年代就出台了,以法律的形式严格制止、限制、制裁企业和个人污染行为。到90年代将环境保护的内容写入《基本法》。目前德国的环境保护法律法规体系是世界上最完善的,有8000多部联邦及各州的环保法律法规,执行400多部与欧盟相关的法律规约。比如《德国可再生能源法》《德国节能法》《德国自然保护法》《水资源法》《温室气体排放控制法》等。法律范围较广、规定详尽。1994年德国颁布了《循环经济和废物管理法》。在欧盟发布准则指导下,确立了《循环经济和废物管理法》在联邦的中心地位。同时实施的附属法律法规将产品责任整合到经济决策中,由四项法规和一项准则组成:《垃圾目录条例》《举证条例》《垃圾运输许可条例》《专业垃圾处理工厂条例》和《垃圾处理者联盟准则》。此外,德国单独设立环保警察以提高执法的有效性。

二是采用自然化管理对生态空间进行保护和建设。突出应用贴近自然的方式对林地、水资源、土地资源和绿地进行治理。比如,弗莱堡对城市水资源就是从"污水处理、雨水利用、节水装置、河道技术"四个方面进行管理。将街道改造成生态地面以通透雨水促进地下水位的回升。围绕城区构建综合绿化体系,提高绿化率、修建文娱休闲配套设施。打造"生态型"住宅区,广泛采用可循环清洁能源,注重节能并充分利用雨水,几乎所有大型公共建筑及住宅都安装太阳能电池板(见图8-1)。在城市内,通过"植被覆盖"坡地,达到降噪除尘功效。充分发挥河流自净作用,做好河流两岸"原生态保留"。

三是推行交通系统的生态化。比如,德国弗莱堡为了鼓励市民选择步行作为出行方式,在交通规划上创建邻里中心限制私家车出行的

第八章　新型城镇化与生态安全协调发展的国际经验及借鉴

图 8-1　弗莱堡屋顶光伏

资料来源：https://www.sohu.com/a/229228765_100049846。

便捷性和舒适度。按照功能分区，有效衔接广场和步行街，如步行区、交通安宁区、住宅区等，并在步行区和机动车主干道之间设置了大量规定了机动车时速和数量的交通安宁区，在一些重要的邻近商业街和老城广场限制机动车的通行，建立完整的步行交通体系。采用严格的停车规划和"中心距离阶梯收费"，严控停车时间和费用。重视公共交通系统建设，在优先性、便捷性与舒适性方面给予政策支持。除了保证公共交通的准时准点外，在公共信号灯等方面采用"智能化辨识调整"科技，保证公交车先行。完善了自行车配套设施，鼓励市民自行车出行。弗莱堡市现有自行车道路 410km，其中有 46km 专用道，144km 机动车道沿线道，120km 郊区道和 130km 其他类自行车道。同时，又修建了 9000 个配套自行车位，并于公交站点进行系统配设，方便市民转乘需求。

四是充分发挥政府的带动作用，鼓励公众参与。德国政府把良好环境建设作为服务市民的一项重要指标。机构设置上，从联邦政府到各州县政府，都设有专门环境保护机构，同时兼有跨区域管理机构。比如，弗莱堡市成立了一个由市政府牵头，由弗莱堡市各行各业人士组成的可持续发展委员会。目的是打造公平宜居城市，带动市民绿色健康生活。财税政策上，通过对环保事项进行广泛补贴，如空气治理、河流治理、污水垃圾处理、住房节能等,同时对环保企业项目予以补贴和税收优惠,鼓励公众积极参与生态建设。比如,弗莱堡市补贴使用环保材料和自制垃圾堆肥的居民,降低合用垃圾回收桶居民的垃圾处理费。对二氧化碳每吨减排发放 50 欧元补助。市政府以户为单位发放 6000 欧元/年,支持发电设备购买,这将在 20 年内保持不变。此外,还通过设立"小溪监护人"等方式,提高市民生态保护的责任感。机制创新上,通过资金横向转移支付(富裕区对贫困地区),对环境共同治理实施广泛生态补偿。这一机制,对于省内、国内、跨国建立均适用,以实现改善生态环境的目标。

五是产业结构合理化高级化,推进生态城市建设。在德国,伴随产业结构优化升级进行环境治理,以有力地促进生产生活的和谐共生和生态城市的建设。在二战期间,鲁尔区因钢铁工业而闻名,通过产业转型升级,改造和关闭大量旧厂房,发展新工业。当前,在新型材料能源和高端制造领域处于世界领先水平,医疗健康、知识、服务经济等第三产业发展迅速。此外,它还拥有高品质的生态环境,从工业城市转向花园城市和旅游城市。目前,德国通过大力推进工业 4.0,在重塑产业优势的同时,助力生态建设。一方面,高端产业污染少,有利于生态建设。另一方面,德国政府大学将其年度科研投资的 80%投资于制造业领域,以克服高精尖技术的各种困难,努力占领全球产业价值链的顶端,保持德国全球制造业的优势,同时促进了环保技术的发展和应用。

二 新加坡

新加坡是生态城市建设的实践中最成功的城市之一。1965 年新加坡独立,迅速工业化带来国内经济高速增长的同时也带来了严重的环境污染问题。1967 年,时任总理李光耀便将生态环境保护确定为继经济建设和国防之后的第三大政策重点。从那时起,环境治理被正式确立为政府的核心工作,通过采取政府调控、加强国民环境教育和法治

第八章　新型城镇化与生态安全协调发展的国际经验及借鉴

建设等多种措施，使经济与环境协调发展。经过几十年的不懈努力，今天的新加坡已经成为国际知名的"花园城市"，自然环境优美、清洁卫生、资源利用高效。新加坡主要采取措施如下：

第一，重视城市规划设计。政府在建国初就聘请一批知名专家制定城市总体规划，为城市总体布局提供全方位指导，如合理用地、产业布局、网络交通建设等，以充分利用有限的土地。新加坡的长期规划分为两个部分：概念计划和总体规划。概念计划指导新加坡未来40年至50年的发展，涵盖战略用地和交通。构思是为应对人口增长和经济发展，提供足够面积土地供给，并从"提高环境质量"出发，加强环境保护。总体规划对上述长期战略进一步细化，推出具体详细的实践细则。计划明确规定了土地使用范围和程度，目的是指导今后10年至15年的发展。2019年，新加坡政府发布的最新总体规划从宜居和包容的社区、本地枢纽和全球门户、振兴熟悉的地方、便捷和可持续的交通、一个可持续和韧性的未来城市等五个方面提出了未来新加坡城市可持续发展的具体规划。新加坡在城市建设规划中非常重视对自然环境的保护和自然资源的高效利用。为了让居民提供享受更多的绿色空间，城市绿化将建筑与屋顶花园相结合。新加坡城市建筑群将不同功能区通过公共交通网络连接，具有高密度特点。在提高土地利用率时注重保护公共绿地和自然区域。其城市规划在充分考虑利用绿地、森林、河流、海岸等原有自然生态条件及最大限度地保持承载传统文化古旧建筑原貌的基础上，扩大城市绿地面积和自然空间，提升城市的历史氛围和文化品位。

第二，智能城市交通。新加坡政府寻求利用技术来改善公众交通和减少对人民对汽车的需求。为了创造更具包容性的环境，鼓励步行和骑自行车，片区被设计成汽车精简，尽可能地优先考虑的流动而不是汽车的移动。比如赋予公共汽车更优先的路权，精明出行计划和错峰出行奖励，为驾车者提供转接公交的选择，降低城市交通量，个性化的智能交通信息服务等。通过无车周日SG，无车街道等项目来促进汽车精简目标达成，并为人们提供热闹空间。通过地下行人通道与地铁线路无缝连接，地铁线路运行在地下，既增强了通勤者的连通性和无障碍性，又释放地下空间的潜力。

第三，强调自然资源循环利用。新加坡自然资源匮乏，是"水量型缺水"国家，水和大多数工业原材料都依赖进口。因此，对自然资源的有效循环利用成为了城市生态建设的重要组成部分。为了解决城市用水问题，新加坡制定了以当地集水、进口水、新生水和海水淡化为基本内容的"四个水龙头"（Four National Taps）战略，以实现多样化和可持续供水（见图8-2）。采取了多种措施以实现水资源的收集和循环利用，比如要求非居民用户安装节水设备，要求新建筑中必须安装低容量水箱的抽水马桶，扩大城市集水区域，设置雨水蓄水池，城市污水净化和再利用等。

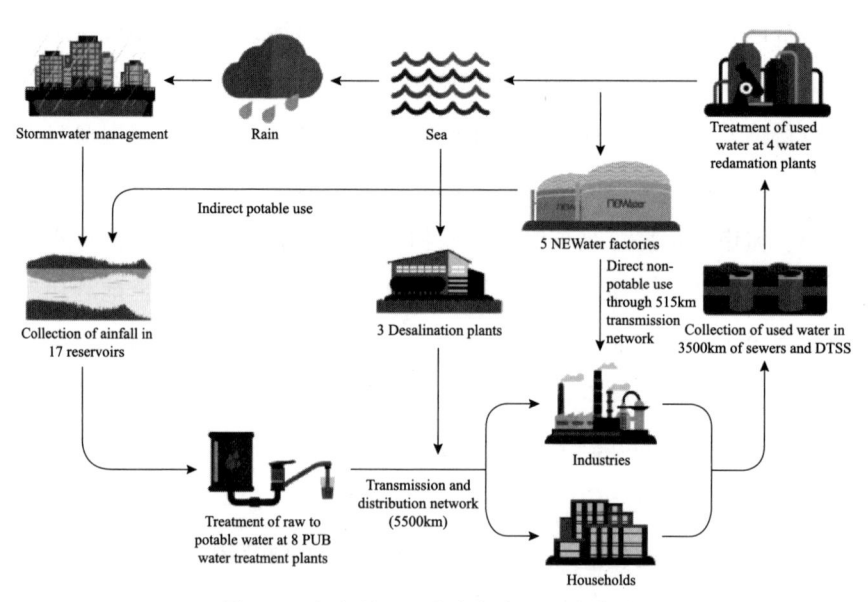

图 8-2 新加坡"4个水龙头"国家战略

资料来源：新加坡市区重建局，https：//www.ura.gov.sg/Corporate/Planning/Master-Plan/Themes/A-Sustainable-and-Resilient-City-of-the-Future/Closing-Our-Resource-Loops。

第四，引导公众参与。新加坡采取了多种创新活动来引导公众积极参与城市建设和发展，不断提高公民的环境素质。例如，2019年新加坡发布的城市总体规划（MP19）为广泛征求公众和主要利益相关者的反馈，采取了公共展览、焦点小组会议、社区讲习班和利益相关者会议等活动，为社区利益相关者、合作伙伴机构、私营专业人士、利益集团和公众人士举办了400多场导游活动。在保护城市环境方面，加强环境健康教育，将环境健康教育纳入中小学课程，为居民区设计迥然有别的宣传画刊，为外国游客编写多语种宣传画册。开展环境清洁运动，培养市民自觉维护环境的卫生观念。比如"反吐痰活动""取缔乱抛垃圾活动""保持新加坡清洁""防止污化运动"等。

五是严格依法管理。新加坡在生态环境方面立法以预防为主，强调事前控制。通过制定严格的法律及全程问责制度，最好最大限度地保护生态环境。在保护生态环境立法中，采取的是法律辅以具体的法规条例。法规条例内容详尽、权责明确、处罚透明。目前，仅新加坡环境与水资源部就实施了40多项环境保护法律法规，涉及范围十分广泛。如国家环境局的《环境保护与管理法》和《环境公共卫生法》，公用事业委员会关于噪音、水、空气污染的《下水道和排水法》以及国家公园委员会的《野生动物法》。其中1968年颁布的《环境公共卫生法》先后进行过多次修订，是新加坡城市管理最重要的法律之一。将生活指标纳入法规，如随地吐痰、吐口香糖、吸烟等。在城市规划建设中，任何开发项目都需要经过彻底的环境评估，靠近生态敏感区域（如自然保护区、海洋和沿海地区、其他生物多样性严重或可能具有跨界影响的地区）发展项目将受到更严格、更详细的环境审查评估，以解决开发对交通、公共卫生、遗产和环境的潜在影响。

三 巴西

作为一个发展中国家，巴西在短时间内实现了高度的城市化，形成了极具特色的"巴西城市化模式"。由于其在公共交通、生态环境保护、城市活力等方面所做出的突出贡献，1990年库里蒂巴被命名为

"世界生态之都"和"生态规划样板"。1991年，成为第一批被联合国命名为"最适宜人居的城市"。2012年被联合国授予全球绿色城市奖（Global Green City Award）。国际公共交通联合会高度赞扬其公共交通的发展。废物回收和再循环措施以及节能措施也分别受到联合国环境署大学和国际节能机构的嘉奖。库里蒂巴用建设实践向世界证明：经济与生态环境可以协调发展，城市不是问题所在，城市是解决方案。巴西，特别是库里蒂巴在生态城市建设过程中，主要采取了以下具体措施：

一是建设完善环境立法制度体系。巴西拥有健全的环境立法体系，通过重罚治理环境破坏。1972年，颁布了《环境基本法》，对环境保护和防治做了详细严格的规定。1988年，新宪法增加"环境"章节，巴西成为世界上首个将环境保护写入宪法的国家。为了有效控制环境污染犯罪，又于1998年通过了《环境犯罪法公约》，涵盖危害生态环境和自然资源犯罪。"许可证制度"要求，对环境有重大影响的各种活动在实施前如果没有经过相关环境监管部门的评估和审查，将被视为违法行为。目前，巴西形成了对空气、水、自然资源、森林进行保护的法律体系，促进生态系统平衡。如通过特别环境秘书处第41号法令（2002年）明确规定大气排放标准来降低空气污染。为了遏制对亚马逊雨林的破坏，制定了《亚马逊毁林行动计划的预防和控制》（2004年）。之后，不断完善环境立法，协调衔接《环境基本法》，这一系列新的法律法规进一步完善了巴西的环境法律制度体系，确保环保活动有序开展。

二是绿色交通系统导向的城市规划。巴西新联邦交通法明确规定，人口规模超2万人的城市要制定本市的交通运输发展规划，并以此作为联邦政府向城市划拨经费的依据。1966年，库里蒂巴政府通过设计竞赛的方式，征集并最终确定了来自圣保罗的巴西建筑师霍赫·威廉（Jorge Wilhelm）的《库里蒂巴城市总体规划（Master Plan for Curitiba）》。其规划形成的城市形态被称为"城市之星"，即以五条不规则的星形轴线为发展轴，城市沿发展轴拓展，其中南北向为主发展轴，东西向为次

第八章 新型城镇化与生态安全协调发展的国际经验及借鉴

发展轴,第五条发展轴则为连接库里蒂巴与外界区域的快速公交轴。从 1974 年起,库里蒂巴城市推行公交优先的规划理念,建立了以快速公交(Bus Rapid Transit)为主体的、高效的公共交通运营管理体系(见图 8-3),有效推广了"绿色出行"。在交通网络及站点设计规划中尽显"节约""环保""共享""公平"特征。比如,为方便乘客购票等车,节约时间成本,实行"统一车票"制度,为老年人、残疾人和学生提供优惠,设计了类似管道的候车站等候空间,乘客可在管道中提前购票等车,通过大车门进出,节约时间成本,缩短运营时间,从而减低公交系统运营成本。此外,还沿公交轴线开发高密度住宅,并配套商业服务和设施,不仅提高城市各个区域的可达性,还提升居民对城市的满意度和认同感。

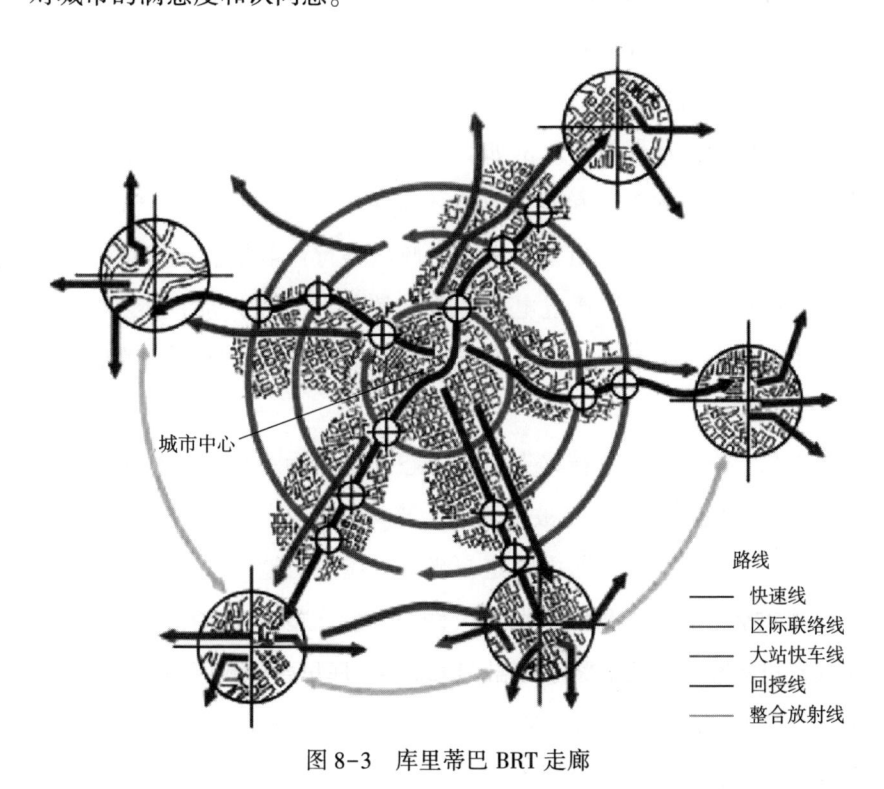

图 8-3 库里蒂巴 BRT 走廊

资料来源:李迅、李冰、赵雪平、张琳:《国际绿色生态城市建设的理论与实践》,《生态城市与绿色建筑》,2018 年第 2 期。

· 155 ·

三是循环经济发展策略。自1989年起，库里蒂巴市政府启动"让垃圾不再是垃圾"的活动，使城市循环回收率达到了95%。一方面，启动"绿色交换"计划，鼓励公民对垃圾进行分类以便回收。市民可在规定的垃圾站用可回收利用的垃圾换食品、汽车票和其他日用品，在解决当地农民剩余产品的同时，增加低收入者收入。另一方面，实施生态市民计划，垃圾处理站为失业低收入者提供就业岗位和收入，提高他们的生活质量，加强其与社会的联系，从而顺利扎根于城市，减少城市贫困和失业带来的社会保障问题，并有效实现了"减量化、再利用、资源化"的循环经济发展目标。

四是鼓励公民积极参与城市政策设计。为了鼓励公民和社会各界人士积极参与城市建设，库里蒂巴实施了土地公开信息披露等机制，可随时查阅与土地开发相关的信息。库里蒂巴还设立了"免费环境大学"，为公民提供短期课程，根据不同的职业特点在日常工作中教授环境知识，以加强环保教育。例如，为家庭主妇开设的家庭节能课程和为私人业主开设的工厂和商店节能环保课程。政府还规定，环保课程是某些行业，特别是出租车司机等市政服务行业取得执业资格的必要条件。此外，市政府还通过电视广告、教科书、研学等手段，将环保宣传重点放在儿童身上，从儿童扩展到家庭，让儿童和家长养成环保和垃圾回收的习惯。

五是实施生态财政转移支付。生态补偿作为一种政府行为，其目的是尽可能地减少和修复被破坏的生态环境。以"谁保护、谁受益"为原则，巴西在联邦宪法中规定，州政府应向当地市政府支付工业产品税的25%，允许各州根据保护区面积等生态指标制定生态补偿财政转移支付标准，州政府将生态补偿财政转移资金按照生态指标加权后分配给当地市政府。因此，在巴西保护生态环境意味着可以增加地方政府的财政收入，私人植树不仅可得到政府补贴，还可以得到相关技术、设备和人员支持，形成了效果较为明显的内在激励机制。巴西生态补偿采用以政府为主导，各公共组织为辅的资金模式，其资金来源具有多样性，如采用合法储存量的可贸易权和征收生态增值税等。在巴西开发商想要得到土地的准用权，至少要拿出总投资的0.5%作为赔偿资金交给环境机构并依据有关规定直接投入保护区建设。从2012年开始，巴西开始实施农村环境登记制度，要求所有农民都必须通过国家统一网站进行自然资源登记，以确认其产权归属及其相应的环境责任。该措施一方面有效理清了历史遗留的产权主体交叉问题，另一方面为实施生态补偿明确了补偿对象及生态保护责任人。这些举措既支持鼓励发展经济，又有效保护生态环境。

综上，德国、新加坡、巴西在生态城市建设实践中，积累了许多经验，值得我国西北干旱区建设借鉴。一是强调城市规划，具有明确而具体，现实的目标，完善的法律、政策和制度保障。二是发展城市循环经济，生态网络化得到推广。将生态环境保护与经济的协调发展作为城市核心竞争力，通过各种资源的循环、高效利用，来达到收益最大化。三是以绿色快速公共交通为导向。确保城市公共交通的优先权来避免环境污染问题。四是采用绿色技术。从构建绿色技术创新体系到推进绿色经济、绿色社区再到创建绿色生活，环境保护逐渐深入人心。五是引入社区驱动开发模式，广泛地吸引社会公众参与建设。

第二节　对中国西北干旱区新型城镇化与生态安全协调发展的启示

一　科学规划，完善法律政策体系及落实机制是生态城镇化的前提

从国外生态城市发展建设经验看，其成功的关键都是因其构建了一套立足未来长远，全面系统协调的，从宏观到中观再到微观的，具有明确长短期目标的城镇建设规划，并通过构建完善的法律与制度体

系及落实机制,为生态城市建设提供有力保障。澳大利亚阿德莱德的"影子规划"(Shadow Plan),在规划中,对从1836年到2136年期间如何实现城市设施、产业、资源、生态环境协调发展进行了严格论证和详细安排。严格控制城市边界扩张,以减少温室气体排放,构建科学的村、小城镇、县、市各级城市规划体系,区域定位清晰、功能互补,空间结构优化。在规划执行方面,这些国家都要求城镇建设必须按照规划落实,特别是规划设计中的城市资源、环境、人文、区域协调方案,真正保证城市建设与生态环境的和谐统一。例如,德国的生态城市规划,为保证法规顺利实施,由联邦宏观土地利用规划到州域中观区域规划,再到微观城镇规划,各级均明确所属责任领域范围。《建筑法典》是德国最权威的建筑法律文件,为建筑指导规划奠定法律基础。该法典要求将生态措施纳入建筑总体规划图中,并将新能源设备纳入合同,进行环境审查并撰写环境报告。

  城市规划是城市经济社会发展、土地资源利用和基础设施建设的具体安排和综合部署,对城市未来的发展起着重要的作用。结合西北干旱区生态环境脆弱,人地关系紧张的特点,在新型城镇化推进过程中应该将生态目标的实现融入城镇规划建设过程中,通过制定和完善西北干旱区各区域新型城镇化发展纲要,使经济、社会、文化、生态和城镇建设协调发展。在规划制定上,要充分发挥各地资源禀赋优势,注重基础设施与一般产业投资的配比关系,并与生态环境协调发展,不断增强城镇功能建设,提升城镇品质。在空间规划上,侧重功能定位,结构格局,规模总量,边界范围的管控,构建定位准确、规模控制、用地集约、结构紧凑、功能合理、高效低碳、畅通便捷的城镇合理生态布局。重点对土地利用与功能布局规划设计、能源利用与可再生能源开发、生态保护与绿色基础设施管控、绿色建筑与生态住宅区建设、废弃物处理和资源化利用、交通引导开发与绿色交通体系等领域进行规划设计。从制定法律法规和标准、搭建决策支持平台、规划实施激励机制等方面形成了一系列配套政策。

二 普及生态文化,引导公众广泛参与监督是生态城镇化的保证

生态城市的建设既需要政府规划引导协调,也需要公众积极参与综合治理。国外成功的生态城市建设中,非常注重民间力量的培养,不断加强与企业及社会团体的合作,调动公众参与环境治理的积极性,提供建议和进行监督。比如,美国伯克利的"弹性战略",收到了1100多名市民的反馈意见[①]。罗杰斯特及其带领的生态学家、生态组织及居民在生态城市和生态社区建设中发挥了积极作用。通过搭建生态体验平台,开展环境教育,创造就业岗位,提高公众生态环保意识,带动居民参与。比如,为提升公众的生态意识和对生态城市项目的理解,哥本哈根实施了"绿色账户""生态市场交易日"等特色措施。日本北九州将家庭生活成本与减少二氧化硫结合,保护了生态环境。西北干旱区各省份在推进新型城镇化建设过程中,应构建从设计规划的制定到具体的建设实施,再到监督监控监管,建立全过程的公众参与机制,倾听民意,尊重民意,不断提高公众参与生态城镇建设意识和积极性。完善公众参与机制,充分发挥传统渠道和网络平台及其二者融合渠道的作用,通过媒体、听证会、网络平台、民意调查等方式拓展公众参与渠道,汇集公众智慧,构建对生态环境违法行为舆论监督机制,保障公众应有的参与权,推动城市发展逐步向绿色环保、低碳生态转型。加强生态环境教育,建设一批以生态环保为核心的学校、企业、社区等生态文明宣传教育实践基地,不断提高社会公众的参与意识。

三 建设生态型人居,推行低碳生活是生态城镇化的基础

城镇建设的核心是人。任何一个城镇的规划建设都应该是为了让

---

① City of Berkeley, Berkeley resilience strategy(2016-04-01), http://100resilientcities.org/strategies/berkeley/,2018-04-16.

市民的生活更美好。市民是城镇建设受益者，只有得到市民真心维护才能建成真正的生态城市。在城镇规划上，保持生态格局，最大限度保持城镇河湖、湿地等生态敏感区，采取低影响开发模式，留足生态用地，塑造绿色人居环境。加快城镇智能升级，充分考虑居民的便捷和安全，在关乎居民日常通行方面，如交通灯时间、通行天桥、安全岛设置等方面，要详细调研综合分析。推动以公共交通为主导的"紧凑城市"发展模式。如依托大数据，依据公共交通出行动态，生成灵活换乘方案，并通过APP展现给用户。利用网约平台实现汽车共享，设置专用的自行车道和人行道，倡导机动车礼让行人和骑行者，鼓励人们骑行或步行。比如，美国伯克利和哥本哈根建有自行车专用车道、车位；贝丁顿社区的"小汽车共享计划"，并通过减少停车位来限制小汽车；库里蒂巴提供完善的公共汽车系统；英国爱丁堡限制汽车的规划方案[①]。以社区为单位推进基础设施建设和公共服务，降低能源消耗。例如，教育、医疗等资源社区化可以方便居民。增强城市包容性，关注弱势群体，尽可能弱势群体的生活便利。保护传承好城市文脉，在重要的文化遗址周边设立缓冲区，严格控制区域建筑高度和密度。提高城市韧性应变能力，提升居民认同感和归属感。

四 加强技术创新，促进产业生态化转型升级是生态城镇化的关键

生态城市的建设离不开环保材料、可再生能源利用、污水处理与再生、垃圾再利用、智慧绿色交通等技术的创新与应用。比如，德国弗莱堡就是以新能源为特色的城市，其欧洲最大的太阳能研究中心，集中了众多相关的太阳能工商服务企业和各类组织为城市的可再生能源供给提供了保障。在生态技术应用层面，重点关注可再生能源利用、给排水、污水处理与回收、废物处理与资源利用、交通系统与车辆技

---

① 爱丁堡市的停车收费政策，http：//www.tranbbs.com/news/Worldnews/news_145743.shtml。

术、信息网络技术等，城市开发建设过程中集成应用。

城市经济发展方式决定了生态保护程度和资源利用方式。根据不同特点的城市，按照资源节约、环境友好的要求，做好产业规划，加大生态技术的创新研发和成果转化，推进生态技术服务和成果转化平台建设，形成完整生态技术产业链并支持重点项目落地应用，建设充满活力、特色鲜明的生态城市。比如挪威奥斯陆促使城市产业绿色生态转型的绿波计划。西北干旱区目前在产业高质量发展方面尚存传统产业比例较高、产业配套能力相对不足、产业链过短，创新生态体系提升受限，科研基础薄弱等问题。借鉴国际经验，应该立足各区域的比较优势，通过公共投资、财政补贴、税收优惠等倾斜政策，通过"赋能、赋值、赋智"，实现产业向生态智能方向综合发展。打破传统行政区划和部门藩篱，探索跨地区、跨部门的产业升级政策协调机制。牢固树立绿色发展理念，推动第一、第二、第三产业的有机融合。严控资源与生态保护质量，加强产业转移环境监测。

五 充分发挥政府的职能，统筹城乡区域协调发展是生态城镇化的途径

由于环境安全与环境质量具有公共物品属性，在推进生态城镇化进程中，政府有能力也有义务履行其生态责任。政府通过经济、行政和法律等手段对新型城镇化进程中的生态破坏问题进行预防和治理，落实生态责任，解决新型城镇化进程中资源短缺和生态环境恶化问题，促进绿色城镇建设，构建以人为本的社会主义和谐社会。

如果生态城市的建设是为了掠夺外界资源或牺牲周边地区利益来换取自身繁荣，则与生态文明建设不相一致。应该加强城市间、区域间乃至国家间合作，建立伙伴关系，共享技术与资源，形成互利共生的网络体系，确保在其管辖或控制范围内的活动不会损害其他城市的利益。此外，国外生态城市建设的众多案例表明，生态城市理论中所指的城市，它包括城市及城市所辖的乡村，并不单单指城市。正如世界

著名生态学家威廉里斯教授所言"消耗资源的城市和以生产为主的农村应该有机地联系起来，作为一个完整统一的生态系统来对待"。国外生态城市建设规划中将城市及其周边乡村一同纳入建设考虑的范围，还顾及与城市相邻的近郊区以及远郊区的协调发展，充分展示城市与其周围地域的动态协调统一性。如新加坡生态城市规划中城乡结合的理念，将城郊农田、森林以及其他景观融合以建成"原始公园"，从而实现自然环境与人工景观的互融共生；美国克里夫兰亦重视生态城市的建设规划，其规划将与联邦及邻近各州郡的建设规划协调。

第九章　西北干旱区新型城镇化与生态安全协调发展建议

第一节　协调发展的思路与模式

一　协调发展的思路

西北干旱地区是我国重要的生态屏障，是我国进行西部大开发、实现乡村振兴的重要区域之一，发展潜力巨大，在资源、环境、生态等方面具有重要的战略地位。如何确保该区域在新型城镇化推进及经济发展的同时，保护生态环境，维持生态安全，促进新型城镇化与生态环境的协调发展是该区域当今所面临的重大考验，也是战略成功实施的重要基础。因此，明确协调发展思路至关重要。根据区域特征，在新型城镇化建设和生态与环境系统的和谐发展方面，政府应在合理分工、优势互补、协调互动的原则指导下，与市场、社会力量相结合，通过城市经济、社会、空间和生态环境的互动，实现融合发展。新型城镇化与生态环境相互作用实质上是二者相互协调、磨合并逐渐融合的发展过程。因此，要成功实现城镇化与生态环境的良性相互作用，必须准确把握总体目标，以提高城市化与生态环境系统的整体协调发展和社会经济的可持续发展，以经济与生态环境一体化为最终目标。

因此，要成功实现新型城镇化与生态环境的良性互动，必须确立明确的总体目标，以提高新型城镇化与生态环境系统的整体协调发展和社会经济的可持续发展，以经济与生态环境一体化为最终目标。

经过对本课题的深入研究，新形势下推进西北干旱区新型城镇化与生态安全系统统筹发展的总体思路为：从新城镇化和生态安全系统建设入手，通过对经济、社会、产品、空间等基本结构及其相互协调的系统功能等方面调整，追求国民经济结构优化和产业升级、社会保障体系不断完善、社会空间及其形态结构优化重组，以达到新型城镇化和生态安全系统高水平的统筹发展。区域型新型城镇化建设与生态安全系统的协同发展水平并不高，许多新型城镇化建设和生态环境保护落后的城镇在软硬环境建设体系的结合上还不完善，产业结构、资本结构和基础设施配套需要进一步调整和完善。为了充分发挥新型城镇化和生态安全协调发展在经济可持续发展中的重要作用，政府有必要采取监管措施，以推动新型城镇化和生态环境间的良性相互作用和系统高水平的耦合协同作用。

（一）协调发展应以中心城市（镇）为核心，科学规划与有效管理

中心城市（镇）是产业、科技、信息、人才等新型工业化要素的核心区域。因此，作为对新型城镇化与生态安全协调系统的空间核心载体更容易起到应有的调控作用。通过优化城乡体系空间布局，突破体制机制障碍，积极推进城市群、中小城市和小城镇建设，提升吸引创新能力和辐射带动力，形成新的经济发展增长极。特别是以区域资源优势突出、具有较强资源环境综合承载能力的区域经济社会建设，如以宁夏沿黄城市群区域、天山北坡城市群区域、兰州—西宁城市群建设为重点，培育发展若干个城市相对密集的城市群，以合理配置各类有限资源，发挥强大的经济吸引力、经济辐射功能和自我调整能力，进而形成完善的区域产业发展网络，不断提高资源利用率。

（二）协调应以构建绿色低碳产业集群发展体系为基础

在低碳绿色发展理念的基础上，以生态文明为导向，通过培育绿色低碳产业集群正确处理新型城镇化与生态安全的关系。从西北干旱区的资源禀赋、区位特点和产业基础出发，优化产业结构，转变生产方式，加快传统产业绿色化升级，构建循环型工业、农业和服务业等现代产业体系，引导企业节能减排，采用低碳技术，加大对低能耗、高附加值新产品的开发和扶持力度，逐步将"两高一低"企业淘汰出局，推动低碳绿色发展体制向纵深发展，在一定程度上缓解经济发展与资源环境之间的矛盾，提高发展的品质和效益。

（三）协调应不断加强生态环境管理，优化生态安全格局

科学地划分县主要功能区，严格落实好全国和省主要功能区计划中对本市县的主要功能定位，把发展低碳绿色产业和当前的改革发展策略和城市建设规划紧密结合在一起。加强生态文化建设的宣传教育，引导政府、企业及社会公民在地区治理、生产运营、日常生活中建立生态环保意识，落实生态保护的责任，建设不同行为主体的协调机制，建立健全与维护生态安全的奖惩制度与生态补偿机制，合理科学利用有限资源，协同保护好区域生态环境。由于公共物品属性的自然资源有一定的外部性，生态环境问题不是一个地区就能解决的。西北干旱区各省（自治区、直辖市）应不断加强区域间合作，协调解决生态环境保护与恢复，协同治理生态安全问题，发展现代生态化科技助力生态安全建设。

二 协调发展主要模式

（一）第一种模式：循环经济调控模式

目前，在西北干旱区城镇化发展过程中还面临着土地浪费，农村土地和工业、城建土地的占有冲突，对资源的过量利用，对自然环境的破坏和环境污染，城镇化人口规模小，资源节约和综合利用水平提

高缓慢，可再生资源回收率低，公共资源节约意识淡薄等问题。资源的减少，环境的退化，加剧了人口、资源与环境之间的矛盾。因此需要通过"资源—产品—废物—再生资源"城市循环经济运行的过程，实现对物质的闭路循环和能量的多级利用，从而达到资源利用最大化与环境污染的最小化。

协调模式的构建主要有以下几点策略：

1. 从企业发展方面应采取的策略

从企业层次上，利用重点技术的突破支撑起循环经济的发展，如资源循环利用技术等，重点突破环境污染综合治理科技，节能减排先进技术和垃圾处理资源再利用科学技术，并在内部推广洁净的生产方法，以达到节约、减耗、降污、提效，最大限度地可永续地使用环境资源，降低对有毒、有害物质的再利用，以此提升资源生态利用率和环境效益水平。

2. 从产业发展方面应采取的策略

总的来说，要带动城镇污染较严重行业的生态化转型，推动农村传统产业的转型升级，继续拉长生产原材料食品加工链，尽可能地提升农业资源的增加值，建设环境生态化产业园，配合工业园区的发展，促进工业园区资源循环利用，使工业园区总体生态效益最优化。

构建生态化产业循环系统。首先必须严格控制重化工业外延型发展规模，通过积极推广节煤、节电、节油、节水工艺技术，逐步减少关键原料消耗，确保各种资源、能量的有效循环使用，形成冶金、石化、煤矿、发电、建筑等适应循环经济特点的生态化产品链，进一步改善行业内及产业间的生态化互动关系。同时按照企业生态化效率理念，通过采取产品的生态化设计、清洁制造等举措开展对单个企业的试验，通过不断摸索与实践，逐步降低企业生产与服务过程中物料与能耗的使用率，进而达到"三化"目标，即逐步达到资源使用的最优化、效益的最优化、污染排放量的最小化。建立资源型行业的集体退出或改组制度，大力培养各种资源利用型再生产企业，并依靠已有的资源条件和科技基础，发展接续型工业，重新培育和形成西北资源枯竭区域的现代工业体系。

加速发展农村循环经济，提高区域环境产品质量。大力发展立体栽培、营养物质循环利用、草畜结合和绿色饲养等现代产业模式，并结合农业新能源开发应用和有机农产品开发，建立牧场、小区和村屯的家畜粪便收集处置系统和资源化利用工程，使农业资源利用的效率逐渐提升。

采取有力措施，加快发展具有高科技含量和低能耗、高附加值的第三产业，重点发展劳动密集型服务业和现代服务业以及具有地域特色的生态旅游业。建立和完善废旧物资回收和加工利用体系等。

3. 从政府方面应采取的策略

树立节约资源、保护环境观念，大力宣传资源保护节约的法律法规、方针政策，加强公共环境保护方面的观念建设，使公众正确认识国情，增强节约意识，践行绿色消费理念。

积极开展资源节约型活动，动员组织社会力量加入，加大有关生态保护的宣传，呼吁公众开展绿色生活、进行文明消费，倡导资源节约利用、综合利用和再利用，转变浪费资源的生活消费模式，共同建设资源节约型社会。成立区域循环经济发展的协调机构，统筹区域循环经济发展战略，协调各区域开展循环经济规划实施工作。制定蓬勃发展循环经济建设的法规、条例。设立一批国家绿色保障制度，包含绿化环境保护管理制度、绿化鼓励管理制度、绿化监督机制等。同时设立循环经济发展的专项资金，专门用于促进循环经济发展的重点项目建设，对循环经济发展项目予以政府直接投入或融资补贴、信贷贴息等的资金保障。

（二）第二种模式："绿色社区"调控模式

绿色社区是指由良好道德和行为的居民以及居民居住的生态环境所构成的社会功能区。政府和群众作为最佳结合体，是协调新型城镇化与生态环境系统发展的双重力量。

绿色社会的建设促进了新的环境友好型生产和生活方式；建立健全社会环境保护监督运行制度；落实环境保护所需的重要基础设施和配套设施，运用环境科学技术建设城市，倡导公民绿色文明消费，增强公民环保意识，培养环保道德和责任感，实现绿色社区资源的高效利用和人与自然的和谐共处。

1. "绿色社区"的主要特征

（1）强调人的组织管理与教育

要使新型城镇化的发展与生态环境相协调，不仅需要地方政府部门和企业发挥积极作用，更必须向人民群众传播循环经济概念、可继续经济发展理想、技术创新理念等，让保护环境行为成为群众的自觉行为。

绿色社区为了使可持续发展的理念深入人心，强调对人的组织、管理和教育。以街区为基本单位开展宣传教育，开展以生态环境建设和环境保护教育为重点的活动，通过制定相关公约和法律保护城市生态环境，增强公民自觉保护环境的意识，教育公民保护环境，维护城市生态良好运行，建立经济发展、改善民生的新模式，树立提高生活质量的社会观念，让生态环保意识变成广大群众的自觉行动。

（2）是灵活的、直接的调控载体

"绿色社区"是最灵活、最直接的调控城镇化与生态环境协调发展的载体。"绿色社区"是更贴近社区居民生活，更具有面对面交流的人性化、个性化特点。在城市化进程中，大量异质人口聚集在一起。如何普及可持续发展的概念已成为最基本的问题。要解决这类问题，我们只能建立最直接、最有效、最实用的绿色社区。通过以居住区为最基本单元的综合教育宣传形式，营造绿色精神和物质需求的生产生活氛围，实现人与自然的和谐共处。

（3）是一个以点带面的发展过程

"绿色社区"不仅是城市的专利，在农村也可以布局。主要是通过不断建设"绿色社区"，以样板示范，依靠科学技术和组织管理为手

第九章　西北干旱区新型城镇化与生态安全协调发展建议

段，营造绿色文化氛围，逐步改善生态景观，保护生物多样性，控制污染，净化环境，使其高效合理地对资源利用，从点到面，蔓延到周边社区，从而提高全国的生态保护意识。使区域生态环境在人类活动和自然力的共同作用下保持稳定的运动过程，从而达到保护和培育区域生态环境的目的。在国家环保总局评价的第二批全国绿色社区创建活动124个先进社区中，西北五省有10个社区入选，以此为样板逐步开展"绿色社区"建设。

2. 调控模式的构建过程

（1）建立"绿色社区"示范区

不同区域城镇类型多样，发展差异显著，因此，首先应该在绿色指标评价与分析的基础上，因地制宜地选择一批具有代表性"绿色社区"示范点，通过样板示范，循序渐进地带动城市乃至区域的生态环境保护与建设。

其次，对选择的"绿色社区"示范区进行发展规划，制定发展目标、确立发展模式、建立组织体系、职能分工、地域结构、推行绿色教育等；绿色基金旨在支持绿色社区建设，制定绿色法规和可操作的行动规则，引导和规范社区居民的环境和商业行为，鼓励绿色消费和环保生活方式。

最后，建立绿色环境与产品监测体系。通过监测，可实现对绿色社区的科学评价和动态管理，促进绿色社区健康、有序地发展。

（2）"绿色社区"的网络化建设

"绿色社区"的建设是一个系统工程，兼顾近期发展总体规划和远期目标，协调区块建设时间安排，在科学合理规划的基础上有序进行。通过建设一批绿色社区示范点，确立和总结绿色社区建设的基本模式和规则，并逐步在全区推广。在科学规划、有序实施的基础上，建立覆盖区域的绿色社区网络体系。

第二节 经济层面实现城镇化与生态环境的协调发展

一 调整地区产业结构

西北干旱区作为中国经济发展欠发达地区，大部分产业规模较小、民营经济主体活力不足、产业结构单一、生产效率低下是影响其经济进一步发展的最大阻力。因此，在新型城镇化与生态安全的协调发展中，一方面，要实现产业优、机制活，充分利用资源要素禀赋，加快地区产业转型升级。如西北干旱区具有日照时间长、昼夜温差大的特殊气候、水资源污染小等特点，为西北干旱地区发展特色食品产业提供了独特的优势。涌现出了许多受消费者欢迎的特色农产品，新疆的长绒棉及特色瓜果，甘肃、宁夏所产的枸杞、中草药等。又如甘肃、新疆、内蒙古地区风力资源丰富，纬度高、季节性日照时间长，为发展多种类型的电能提供了选择。建成了我国第一个千万千瓦级风电基地——甘肃酒泉风电基地。再如青海三江源地区水能资源非常丰富，具备成为我国乃至丝绸之路经济带电力及水力供应基地的潜能。另一方面，要做好东部转移产业企业的合理规划配置，保护和改善西北地区生态环境。第二产业与新型城镇化与生态安全协调系统的关联度强。西北干旱区许多城市属于资源型城市，发展过度依赖于资源，生态环境面临的挑战很大。由于自然和历史原因，该地区的城市不仅在地理位置上相互联系，此外，在资源禀赋、产业和市场方面也有很大的相似性，容易形成封闭的同构产业结构，导致各省产业之间的恶性竞争。因此，提升整个区域竞争力还需要合理的产业调整和分工合作。

二 培育区域经济生态区

产业结构转换的方向是促进产业架构的高度化、外向化、生态化和融合化。以产业架构的更新,来促进城镇化和提升城镇化品质,是实现城镇化生态环境协调系统达到高水平的重要途径。利用信息化的推动对传统产业进行转型与提升,全面发展电子信息产业与高新技术工业,并逐渐从"三高一低"的粗放型道路转型向"三低一高"的新型经济发展路线。

培植地方比较优势生态产业与产品。根据不同区域资源禀赋优势,以市场导向为原则,统筹规划发展,注重区域内的行业分工,进一步发展壮大特色种养业和绿色食品生产,使西北干旱区成为我国重要的绿色食品生产基地。发展生态旅游业,大力发展形成区域性的生态产业,使这成为优势产业。

围绕地方重大企业的协调发展和建设,以行业垂直分工为主体形态,利用现有的老企业集群发展基础,形成以地方重大企业为核心的新企业集群,以克服区域内产业结构趋同、企业无序竞争等问题,进一步提升整个地方工业的生产技术含量。

三 降低产品环境负效应和提高产品附加价值

地区由于工业生产层次偏低,初级产品和原料产量过多,一方面会在工业生产过程中形成巨大的"三废"排放,如煤炭开发、有色金属熔炼及压延加工生产企业、黑色金属材料熔炼及压延加工企业和发电蒸气热水产品供给业等都是"三废"排出量较大的产业。另一方面,各种矿产、燃料等不可再生资源的开采强度大,也加大了对环境的污染。此外,产品的附加值低,会影响企业收益及经济城镇化的高效性。

西北干旱区的地区产业结构调整和升级,应该提高生产附加值和产品技术含量,并优化生产方式,提升新技术的应用,提高能源循环利用率,降低废弃物和污染物排放。形成各具特色的产品结构,特别是在生产同构化较突出的黑色金属矿采选行业、肉制品加工业、药品制造业等领域。对市场前景不好的产品坚决及时地退出,形成劣势产品有序退出市场的通道。

在中国新型城镇化和生态环境和谐建设过程中,政府通过设定合理的国际市场资源和中国原料产品生产规模阈值,以防止通过单纯的投资扩大资源密集的国外市场,或环境污染较严重的中国制造品的生产能力来促进中国城市经济增长,抑制城镇化与生态环境的协调发展。

第三节 社会层面实现城镇化与生态环境的协调发展

社会的协调发展是对新型城镇化与生态环境协调发展最本质的要求,而公平则是实现社会城镇化可持续发展的基础。公平化可以促进社会的安定,消费品市场正常的结构调整和提升,从而减少粗放化的经济发展方式和减少对生态环境的损害。因此,通过对社会结构的调控,在城镇化过程中实现城乡公平、代际公平、生存环境的公平等。

新型城镇化与生态环境协调系统中社会结构的突出问题是失业、贫困、农村凋敝、城乡二元结构等。要解决这些问题,必须结合西北干旱区的社会经济特征,通过自上而下的引导和规划,提升区域新型城镇化与生态安全协调发展的自主治理能力,推进我国基层治理现代化,并通过"镇管社区"破解基层社会管理城乡二元体制。

一 消除城镇化过程中的城市贫困威胁

西北干旱地区是我国贫困的主要地区。根据徐藜丹等(2021)基于多维相对贫困识别方法对中国县域相对贫困所进行的分析的结果显示,中国有60%的县域处于多维相对贫困状态,其中有53%重度贫困县主要分布于中国西北部地区。新型城镇化的推进容易带来城市的分化,如何降低甚至消除经济带的城市(镇)贫困将是新型城镇化的关键。地区的资源性城市尤其是资源枯竭型城市中,相当多的群众生活

第九章　西北干旱区新型城镇化与生态安全协调发展建议

困难,城市贫困问题极为严峻。贫困人口众多,并且贫困人口群体具有集中和传承等特征,深度贫困的群体造成社会矛盾加剧,群体性上访事件急剧增长,以侵犯财产为首的违法犯罪持续增加,严重影响社会安定。构建缓解城乡发展相对困难的长效机制,因地制宜选择产业扶贫、教育扶贫、旅游扶贫和农业扶贫等精准扶贫模式,并通过提供"小额贷款"、加强对失业人员就业培训、劳务输出等多种措施增加就业率。广泛吸引国家方面的商业银行,民间方面的民间互助基金,以及国际方面的国际扶贫或开发基金等各类金融机构开展"小额贷款"业务,打通失业人口的创业融资渠道。有针对性地对失业人口进行就业培训,提高工作技能,增强就业竞争力。

二　破除城镇化推进过程中的城乡二元结构

城乡二元结构使得城市人口、资金、技术和信息等各种要素不能向农村地区扩散、城市文明不能向农村推广,不仅仅延缓了城镇化进程,而且会诱发一系列如农村贫困、社会公平与安定、城乡资源浪费等社会问题。这种城乡二元结构不利于城乡生态环境一体化建设,造成农村环境保护意识、农村环境保护法制建设、农村环境基础设施等的滞后,影响农村乃至区域生态环境问题。小城镇无序发展,且镇、村之间的道路、环境等基础设施建设对接不畅或重复建设,严重影响城镇化与生态环境相互作用的通道及载体建设。

逐步实现城乡统一的社会保障。逐步形成对农户和城镇居民,以及各类型企业员工平等一致的、涵盖养老保险、失业保险和医疗等方面的社会保险体系,并将最低生活保障范围由县城逐步向乡村地区扩展,同时还要形成农民大病保险和新型的农村合作医疗体制。

完善农业剩余劳动力进城的体制环境。要彻底改变"农民进城会抢城里人的饭碗"的片面理解,突破农民劳动者和城市劳动者之间在政策上、体制上的边界,建立使农村劳动者也可以到城里来上班,从而获得和城里人相同的就业体制环境,不断提高进城务工人员在城市中的多层次立体的身份体验感。

实现城乡融合发展与乡村振兴的同频共振。以城带乡、以乡促城，即以发展特色产业、生产特色产品为基础助力与促进传统农村振兴，进一步推进农业农村现代化，激活出城乡相融的一系列要素、公共资源，促进农业剩余劳动力的有序流转，建立产业有序整合、与城乡融合同步发展的新格局，使城乡居民平等地投入农业现代化进程、共同分享农业农村现代化研究成果。

三　加快生产要素环境要素的快速流动

在消除城乡市场中的界限，建设统一市场的目标下，逐步消除城乡资本、人才和劳动力、商品和土地等要素市场形成中的管理体制、运行机制和信息交流障碍。促进城乡要素双向流动，提高城乡交易效率。加强完善土地要素交易市场，推进劳动力合理有序的流动，推进农村土地资源要素社会市场化分配。改善对农民工的不平等社会保障待遇，对他们的住房、孩子上学、健康医疗给予城镇居民一样的优惠政策，加快农业转移人口市民化。对乡镇企业的银行贷款，提供宽松的政策环境。要将当前强制性的土地行政征收行为转化为交易性质的市场购买行为，探索利用农户土地入股参加城市生产经营活动的新渠道。建立促进农业科技人才服务于乡镇企业发展的优惠政策。

进一步放宽小城镇户籍管理。把城市变成农村人自由创业的新领地，深化户籍制度改革，合理消除所有不合理的法律制度，所有城市都根据常住人口数和临时居留人口数实行了户籍登记。只有在城内有合法的住所，有比较固定的收入来源，也就是满足在城内有基本生存条件的人口，使他们都能以城区常住居民的身份进行登记，让农民获得自主进城和自由转移工作的权利。

城乡共享教育资源。加大对农村教育师资力量，农村学校教学设备等方面的财政投入力度，不断更新教育设施，加强落实教育信息化发展机制，弥补农村教育匮乏，实现城乡教育资源共享。由各级财政共同建立助学基金，免除贫困家庭学生在接受义务教育期间的学杂费。加快高等教育走向大众教育，增加高等教育的普及率。鼓励和支持由政府出资兴办和鼓励民营机构兴办各种形式的职业技术教育。体现教育资源公平原则，逐步取消重点教育体制，依据学生人数配置教育资源。

第四节 功能层面新型城镇化与生态环境的协调发展

一 城镇化功能的扩展和外延

在快速城镇化进程中的城市数量的增多、规模的扩大、工业的发展而产生的环境与生态问题已经不仅仅影响到城市的本身，而且影响到城市以外的其他区域，城市建设与工业污染向广大农村蔓延，形成了城市环境问题的区域化。城市或乡镇大都是在土地肥沃和水源充沛的地方建立起来的，因而其建设占地一般都牺牲了当地通常最为肥沃的土地。

城市的环境污染正由城市向外围农村扩散，再加之经济发展水平的制约，使得对废弃物的处理率较低，工业固体废弃物的大量排放和堆积，对区域环境和人体健康及经济发展都构成了严重威胁。诸如此类的生态环境问题若没能得到有效处理，随着受损害程度的加深和影响区域的扩展，最后就会变成区域性问题即城市生态环境破坏的区域化。

（一）提高城镇化与生态环境协调发展系统的水平

城镇化与生态环境协调发展的目的之一就是增强城镇化与生态环境系统的功能。这不但包括系统内部，还包括系统外部功能的增强。只有系统本身高水平的协调，才能使系统发挥其功能，有效地推进区域经济、社会、生态环境高水平协调发展。

要增强城镇化与生态环境系统功能，就必须提高城镇化与生态环境相互作用节点、通道、载体等的功能。首先，要大力提高城市经济、社会发展水平以及生态环境质量。提升都市经济、社会保障能力，充分发挥城市对农村的辐射拉动功能。以城市生态化建设为共同目标，提高生态环境质量。其次，加强城镇化与生态环境相互作用通道的建设，尤其是城市绿化带、防护林带等的生态屏障的建设。最后，要加强城镇化与生态环境相互作用载体的建设，特别是城市环境基础设施的建设，比如安全饮水、污水垃圾处理、环境监测监管、环境信息公开等，为区域经济、社会、环境一体化发展提供强有力的保障。

（二）推进城乡环境一体化建设

生态环境问题是一个区域性的问题，其质量的提高不仅仅需要城市，而且需要区域乃至全球共同关注与治理。西北干旱区生态环境的优化不仅需要城市内部环境的改善，而且需要通过城乡一体化的环境建设，提高整个区域的生态环境建设水平。不同层次的城市、乡村与生态环境系统的结构功能不尽相同，具有一定的互补性，发挥不同层次城市、乡村在生态建设、环境保护上的优势，相互促进，使得整个区域生态环境得以优化。

城乡一体化是中国经济与社会发展的必然趋势，它是生产力发展到特定水平时，城市和乡村成为一个互相依存、互相促进的系统，以发挥城市和乡村各自的功能和优势，使其相互促进，最大限度地释放各自的能力。城乡的劳动力、技术、资金资源等生产要素在特定区域内进行有效合理交换与结合，在特定空间结构上互为环境，从而在生态协调、环境优美方面人们享有充分的自由。因此，从有利于整个西北干旱区可持续发展角度来说，不但要建设生态城市、生态乡镇，还要建设生态村落，形成不同层次的生态居住地。要突破行政壁垒，使得地区生态环境的优化成为城市、农村甚至企业等力量共同行动的系统工程。

第九章 西北干旱区新型城镇化与生态安全协调发展建议

积极发展城乡绿色生产力，健全政府环境保护职能，完善城乡环境法制，强化环保巡查监督，高度重视日常管理。城乡共建污染防治区域联动机制，共同整治生态环境。建立健全环保指标评价考核体系和责任追究机制，研究提出生态文明建设和绿色发展等综合绩效考核目标和评估考核办法，进一步健全生态补偿激励机制。建设环城绿带、对城市污水逐渐实行集中处理、对垃圾逐渐进行区域化运作。同时强化对城镇工业污染的管理能力，并积极发展生态农业，极力推进农业生态环境保护，从而增强整个地方的环境保障能力，实现环境公共利益最大化。

（三）积极参与国内外的分工与协作

西北干旱地区城镇化与生态环境协调系统在经济结构、空间结构、社会结构等方面与国内、国外其他地区有着一定的差异与互补性，通过积极参与不同地区的分工与合作，取长补短，提高系统的经济实力、社会友好、生态环境质量，提高西北干旱地区城镇化与生态环境协调发展的水平。

加大合作力度，不仅是产业合作，而且还要加强水、大气、荒漠化、能源等重大生态环境问题上的合作。建立重大环境污染事业和环保项目的合作机制，共同治理环境污染和保护全球环境资源。加强环境保护技术的合作研发，提高西北干旱地区的环境保护、监测、治理等方面的技术水平，尤其是区域工业污染监测与治理、湿地保护、沙化地区治理等领域。

二　主体功能区下的协调发展

主体功能区划，是在土地资源环境可承载力和人口、经济社会活动的容量相互协调性统一指导下，合理地调整空间发展行为与资源配置，以提升整体空间结构效率，并达到经济社会发展与生态环境的协调和谐。通过不同区域城镇化与工业化的功能选择引导和控制不同区域的开发方向和开发强度。即在实现土地开发成本低、资源环境容量大、社会经济需要旺盛发展的地区，承担高强度的工业化和城镇化中的社会经济经营活动；在经济发展难度大、生态价值高的地区承担低强度甚至零强度的社会生产经营活动，维护生态功能。按照土地资源的承载能力、现存空间的发展密度和未来可供开发的剩余空间，统筹兼顾充分考虑人口密度和分布、社会经济发展水平、土地使用状况和城镇化结构格局，把我国土地空间划定为优化发展、重点开发、限制开发和不得开发四类主体功能区。

西北干旱区大部分区域属于限制开发与禁止开发地区。限制开发地区是指经济发展能力与潜力一般，但资源环境对开发的限制性较大、生态抗干扰能力较差的生态敏感地区。森林、湿地、沙地是限制开发区的主要构成。在这些区域主要以防治和修复生态功能为主。森林生态功能区禁止森林砍伐、植树造林、涵养水源等；湿地生态功能区要减少农业发展规模和城市建设强度，改善湿地环境保护；沙漠化治理区要退耕还草、防治草原退化沙化。限制开发地区主要是指依法设立的历史文化遗产、国家重点风景区、原始森林公园、自然地质主题公园和重要水源保护地以及各类自然资源保护区域。禁止一切对自然生态的人为干扰，这就要求极少的人口分布。一些区域生态环境保护价值高，如果开发利用会造成难以修复或者破坏性影响，因此严禁不符合主体功能定位的城市发展活动。

长期以来，西北干旱地区在社会主义市场增长效益驱使下以过度开发利用资源求发展经济，从而造成资源开发利用和环境友好程度不高、综合性国土空间结构优化缺位且协调性差、生态建设意识欠缺等，由此带来的资源消耗与外部生态环境的恶劣等问题困扰着西北干旱地区的可持续发展。与此同时，随着人口在一定区域范围内大城市的大量集聚与迅速扩张，以及以重化型为首的产业结构对生态环境的干预大大增强，对一些本来就很脆弱的生态环境造成了严重的破坏。这样，政府通过对西北干旱地区的各主要功能区域提出差异化的发展要求，同时提出并落实差别化的城镇化和生态环境保护建设措施，从而实现

第九章　西北干旱区新型城镇化与生态安全协调发展建议

更加有针对性的政策控制与指导，有效推动西北干旱地区城镇化和生态环境保护体系的和谐发展。具体对策是：

（一）树立环境保护意识

西北干旱区要以环境保护为主，转变观念和思路，树立绿色低碳发展观。政府部门应当真正地将区域环保事业发展置于突出重点的位置上，将环境保护这一基本国策融入区域经济社会可持续发展的宏观策略之中，进一步强化对自然污染物的整治和环境资源的有效监督管理，把集中性整治和常态化监督管理紧密结合在一起，并逐步完善地方环境监督管理法律法规与政策制度。不断完善环境保护工作机制，构建起完善的城乡环境保护考核制度。建立企业环境信息公开化体制，提高信息的透明化和公开化。充分利用互联网和新媒体的优势，拓宽环境保护知识宣传渠道。借助社会各界的合力和宣传教育工作，把环境立法和环境保护普法紧密结合在一起，将环境管理与环境保护意识渗透到人们日常生活的各个方面，进一步培养社会生态文明意识和全民参与绿色经济建设的正确价值取向，带动社会群众的广泛参与、共同管理和维护生态环境，着力形成以政府为龙头、企业为主导、社会团体与公民群众共同参加的社会生态化环境治理制度。

（二）走集聚式的城镇化道路

限制开发地区要成为人口少，开发强度很小的生态地区。分散布局的大量小城镇，会导致自然环境资源大量的小区域性浪费。因此，应该将这一地区的城镇化在空间上集中到一片有生态承载能力的地区，走内涵发展的道路。根据环境承载力评价，研究未来时期在特定的资源环境承载力之下，除了引导超载人口向区外转移以外，还要积极引导超载人口自愿平稳有序向有承载能力的小城镇集中。对于环境容量小的城市则要严格限制，不再有增量发展规划。禁止开发地区要求极少人口分布，不存在城市的分布。

限制开发地区加快制度创新。针对具体情况，对原农村居民转移到城市后，遗弃于乡村中的荒废农田以及宅基地进行生态改造，可以进行复垦或改建为林木、湿地等生态系统，从而提高基本农田数量，进行自然环境的改善。同时，政府还要对新进入或迁移到这些城镇内的村民，提供和原有城镇居民一样的文化教育、医疗卫生等服务。

（三）构建资源环境可承载的特色产业

建设环境友好类产业基地，必须通过建立在资源消耗、环境、产品规模、工艺技术等方面的限制性行业准入门槛，并禁止不适应主体功能的行业发展。要根据所在区域的生态特点，因地制宜地发展不同生态环境的生态产业，如山地、流域、海洋、城市水体等重要生态产业。

发展产业化为基础的生态农业是为了实现资源的充分利用和农业高产、高效、持续发展，达到生态与经济两个系统的互补从而达到良性互动。实现经济、生态、社会的融合发展，这是农业现代化及可持续发展的有效途径。根据西北干旱地区的水土资源、农业经济发展现状，以水定产、以水定地，合理调节农业产业结构并制定不同区域内适当的节水灌溉经济发展模式，以促进中国西北地区农业健康有序发展。建立生态工业体系，在产业生产中要采用生态工艺、物料的闭路循环和多极利用的方法与"无废弃物化技术设备"，达到三废零排放、零污染，并将污染物重新利用从而建立资源利用加工链条。通过建设生态化信息业、生态化服务业等第三产业的生态化管理体系，从社会管理和服务等几个方面进行社会主义生态文明管理与服务。大力推行社会主义市场化的环保管理与能效标签运作方法，积极运用社会主义市场机制，逐步形成多元化投入、建设、管理与经营的生态产业系统。出台融资补助、税费减免、贷款投放等相关领域方面政策，支持具备主导功能的优势产业集聚到生态产业园区内落户，以促进生态化主导产业与公园内主导产业的横向和纵向耦合，集制造、消费、物流、资源再利用、环境保护和服务能力建设于一身，使园区具备三大产业和信息产业在内的完整全面的产业结构。

禁止开发区要根据环境承载力，制定规划，适度发展生态旅游等产业。在科学评价的基础上，明确核心区、实验区、外围区范围，依法保护核心区，严禁任何干扰。科学制定核心区外的人口容量、建筑、旅游等开发活动标准，实现游客数量控制、人类活动超载预警制度以及加强环保监督体系建设。

（四）构建生态保护修复体系

西北干旱地区的可持续发展直接受到环境保护与环境自我修复的制约。西北各省区要统一规划当地自然、地理、生态条件，有重点地根据治理工程不同特征开展保护修复工程。在实践中，要加快生态保护和恢复，提高生态系统质量和稳定性，加强建设生态安全屏障系统，建设自然生态廊道和生物多样性保护网络。如陕西提出要制定好大秦岭区域的生态环境保护工作实施方案，加强桥山、白于山区、渭北旱塬水土流失地区环境保护和修复力度，加强湿地生态保护与恢复，统筹推进陕南绿色循环发展。甘肃2019年提出要做好祁连山及全省自然保护区生态环境问题整治，并推进实施"两江一水"、渭河源区及玛曲沙化草原综合治理生态工程。青海省发布实施了生态建设红线，着重推动三江源二期、环青海湖二期等重大生态建设工程，提前谋划三江源三期工程规划，做好木里等主要矿区生态修复工作，保护好山水林田湖草生命共同体。西北干旱区各省市都在努力推动环境保护与修复工程，区域联动共同筑牢祖国西北生态安全屏障。

（五）建立资源利用与环境保护补偿机制

作为区域生态功能区，地区应加快开展生态补偿机制的研究和试点工作。根据资源有偿使用以及公平发展原则，政府通过对区域共享的生态资源征收开发补偿费，或者通过财政转移支付或非货币的方式，如政府援建环境设施、由下游地区出资与上下游区域共同建立和维护流域生态林等手段，由开发利用的区域补偿生态资源保护地区，从而应用经济手段保护环境。

同时，将从多方筹集生态保护资金，可尝试缴纳生态补偿税、设立生态补偿基金，基金由地区政府、非政府、社会组织或个人捐赠投资等构成，并加大对国家禁止开发区内进行公共服务和生态环境补偿的财政转移支付，促进生态功能区的保护与建设。

结　　语

　　本研究较为系统地梳理和总结了河西走廊地区两汉、隋唐、明清等历史时期与中华人民共和国成立后，特别是改革开放以来城镇化的发展历程及其与生态环境的历史演变过程及规律。构建了西北干旱区新型城镇化与生态安全耦合发展水平评价体系。通过理论研究和实证研究揭示了西北干旱区城镇化与生态安全的耦合协调规律：城镇化对生态环境具有胁迫和促进效应，生态环境对城镇化具有限制与促进效应，城镇化与生态环境耦合系统是一个开放的复杂巨系统，既相互关联又不是"一对一"的关系，各要素之间存在复杂的非线性联系。提出了西北干旱区新型城镇化和生态安全耦合协调发展的对策建议。借鉴德国、巴西、新加坡等生态城市建设的成功经验，提出了西北干旱区新型城镇化和生态安全耦合协调发展的可借鉴的两种模式："循环经济"调控模式和"绿色社区"调控模式。

　　本课题综合运用区域经济学、环境经济学、人文地理等理论作指导，运用定量分析与定性分析相结合的方法，研究了西北干旱区新型城镇化与生态安全的耦合规律及协调发展。将城镇化和生态环境结合起来开展研究，并对城镇化与生态环境之间交互作用的规律和理论进行总结，完善了该研究领域的理论体系和方法体系。完善构建了生态安全视域下新型城镇化建设模式理论，形成了具有中国特色的符合西部干旱区实际的生态城市模式的理论支撑范式，为政府公共政策的创新提供依据。

本成果存在的不足和尚需深入研究的几个问题：

一是，西北干旱区新型城镇化与生态安全耦合协调规律的研究。目前的研究主要从时间序列维度对耦合协调发展状况进行动态分析，但从空间维度来研究西北干旱区新型城镇化与生态安全耦合协调规律略显不足，未来应该在空间维度上做更深入的研究和探讨。

二是，西北干旱区新型城镇化与生态安全协调发展的驱动机制的研究。目前的研究主要揭示了西北干旱区新型城镇化与生态安全耦合协调规律，但是二者协调发展的驱动机制的研究仍显不够，未来在西北干旱区新型城镇化与生态安全协调发展的驱动机制方面，还需进一步深入研究。

三是，西北干旱区其他典型区域的研究。目前的研究是以河西走廊为例来研究西北干旱区新型城镇化与生态安全协调发展规律及机理的，如何充分发挥"以点带面"的效应方面还略有欠缺，未来的研究应该扩充涵盖面，来增加研究的说服力和实效性。

本书是集体研究的成果，历经多年，前后数易其稿。在下达任务之初，就要求课题组成员要充分搜集资料，恪守学术道德和学术规范，独立完成研究。鼓励作者在深入研究的基础上独立发表自己的新成果和新观点，故对各章节不限篇幅。在历次审稿和最后定稿时，只要书稿内容上下连贯、体例基本一致，一般都尊重原稿，不改变作者的观点；加之课题组成员曾有变化，为体现文责自负的原则，在署名时作了相应的调整。

各章节撰稿人（按章节先后排序）如下：

唐志强　摘要，第一章至第四章。

王艳华　第五章至第七章。

曹　瑾　第八章至第九章。

唐志强完成了全书的统稿工作。

本书是国家社科基金项目"西北干旱区新型城镇化与生态安全耦

合规律及协调发展研究"（项目编号：17BJL050）的最终成果，也得到了河西学院"河西走廊智库""复旦—甘肃丝绸之路经济带协同发展研究院"和"河西走廊生态经济研究中心"的大力支持。承蒙各位匿名评审专家提出宝贵的意见和建议，使本书减少了很多错误；河西学院杨琁老师、石贵琴老师、张景老师、贾伶老师参与了本书大量的编校工作；中国社会科学出版社宋燕鹏先生为本书的出版付出了辛勤的劳动。在此谨对本课题研究和本书写作过程中给予帮助和支持的各位师友表示衷心的感谢！

参考文献

[德]韦伯:《工业区位论》,商务印书馆2010年版。

鲍超、方创琳:《河西走廊城市化与水资源利用关系的量化研究》,《自然资源学报》2006年第2期。

曾贤刚:《环境规制、外商直接投资与"污染避难所"假说——基于中国30个省份面板数据的实证研究》,《经济理论与经济管理》2010年第11期。

曾云:《甘肃省环境资源治理制度供给研究》,硕士学位论文,西北师范大学,2009年。

陈冬梅:《国外先进生态城市建设的经验借鉴》,《科技经济导刊》2019年第27卷第10期。

陈华文、刘康兵:《经济增长与环境质量:关于环境库兹涅茨曲线的经验分析》,《复旦学报》(社会科学版)2004年第2期。

陈亮:《生物多样性保护的国际经验及借鉴》,《环境保护》2016年第44卷第1期合刊。

陈诗一:《能源消耗、二氧化碳排放与中国工业的可持续发展》,《经济研究》2009年第4期。

陈晓红,宋玉祥,满强:《城市化与生态环境协调发展机制研究》,《世界地理研究》2009年第2期。

陈晓红、满强、由明远、姜美芳、肖海丰、周嘉:《城市开发与生态环境相互作用过程研究》,《国土与自然资源研究》2011 年第 1 期。

陈晓红、万鲁河:《城市化与生态环境耦合的脆弱性与协调性作用机制研究》,《地理科学》2013 年第 12 期。

陈晓红、万鲁河:《城市化与生态环境耦合的脆弱性与协调性作用机制研究》,《地理科学》2013 年第 12 期。

陈晓红:《东北地区城市化与生态环境协调发展研究》,博士学位论文,东北师范大学,2008 年。

程国栋:《黑河流域可持续发展的生态经济学研究》,《冰川冻土》2002 年第 4 期。

戴尔阜、裴彬、戴尔惠:《河西走廊生态环境重建的机遇、挑战与对策研究》,《干旱区资源与环境》2001 年第 1 期。

戴国雯、刘源、王尧:《国外生态城市政策体系概述——以德国为例》,《建设科技》2018 年第 6 期。

单吉堃、吴一琦:《生态城市建设的国际经验与借鉴》,《学习与探索》2019 年第 7 期。

党建华、瓦哈甫·哈力克、张玉萍、邓宝山、麦尔哈巴·麦提尼亚孜:《吐鲁番地区人口-经济-生态耦合协调发展分析》,《中国沙漠》2015 年第 1 期。

邓柏盛、宋德勇:《我国对外贸易、FDI 与环境污染之间关系的研究:1995-2005》,《国际贸易问题》2008 年第 4 期。

邓博:《生态城市理论视域下的我国生态城市建设研究》,《现代妇女》2014 年第 12 期。

董战峰、杨春玉、吴琼:《中国新型绿色城镇化战略框架研究》,《生态经济》2014 年第 2 期。

樊纲、苏铭、曹静:《最终消费与碳减排责任的经济学分析》,《经济研究》2010 年第 1 期。

方创琳、黄金川、步伟娜:《西北干旱区水资源约束下城市化过程及生态效应研究的理论探讨》,《干旱区地理》2004 年第 1 期。

方创琳、李广东：《西藏新型城镇化发展的特殊性与渐进模式及对策建议》，《中国科学院院刊》2015 年第 3 期。

方创琳、李铭：《水资源约束下西北干旱区河西走廊城市化发展模式》，《地理研究》2004 年第 6 期。

方创琳、孙心亮：《河西走廊水资源变化与城市化过程的耦合效应分析》，《资源科学》2005 年第 2 期。

方创琳、杨玉梅：《城市化与生态环境交互耦合系统的基本定律》，《干旱区地理》2006 年第 1 期。

付兴：《德国生态城市建设经验及对武汉的启示》，《武汉冶金管理干部学院学报》2016 年第 1 期。

高辉：《环境污染与经济增长方式转变——来自中国省际面板数据的证据》，《财经科学》2009 年第 4 期。

高磊：《德国弗莱堡生态城市建设启示》，《城市管理与科技》2019 年第 21 期。

高前兆、仵彦卿、刘发民、胡兴林：《黑河流域水资源的统一管理与承载能力的提高》，《中国沙漠》2004 年第 2 期。

顾晓焱：《"库里蒂巴经验"及其对武汉中法生态城建设的启示》，《长江论坛》2015 年第 4 期。

关伟、朱海飞：《基于 ESDA 的辽宁省县际经济差异时空分析》，《地理研究》2011 年第 11 期。

胡旭珺、周翟尤佳、张惠远：《国际生态补偿实践经验及对我国的启示，《环境保护》2018 年第 2 期。

胡怡：《国外生态城市建设研究及经验》，《城乡建设》2020 年第 11 期。

黄光宇：《田园城市，绿心城市，生态城市》，《土木建筑与环境工程》，1992 年第 3 期。

黄光宇、黄耀志、李和平：《以自然生态环境为基础，以人为主体——海口府城样板小区规划》，《城市规划》1993 年第 3 期。

黄金川、方创琳：《城市化与生态环境交互耦合机制与规律性分析》，《地理研究》2003年第2期。

黄晶、薛东前、唐宇、马蓓蓓、黄梅：《西北地区村镇建设与资源环境主要矛盾及协调路径》，《生态与农村环境学报》2021年第7期。

黄容萍：《区域人力资源生态环境评价指标研究》，硕士学位论文，中南大学，2012年。

贾秀飞：《重塑多维空间正义：中国城乡关系的演进实践与未来延展》，《中国地质大学学报》（社会科学版）2021年第4期。

姜磊、柏玲、吴玉鸣：《中国省域经济、资源与环境协调分析——兼论三系统耦合公式及其扩展形式》，《自然资源学报》2017年第5期。

蒋汝成、顾世祥：《熵权法-正态云模型在云南省水生态承载力评价中的应用》，《水资源与水工程学报》2018年第3期。

解垩：《环境规制与中国工业生产率增长》，《产业经济研究》2008年第1期。

金自学、张芬琴：《河西走廊水资源变化对环境生态的影响》，《水土保持学报》2003年第1期。

匡远凤、彭代彦：《中国环境生产效率与环境全要素生产率分析》，《经济研究》2012年第7期。

蓝永超、康尔泗、张济世、胡兴林、陈仁升：《黑河流域水资源合理开发利用研究》，《兰州大学学报》2002年第5期。

李博：《国内低碳经济研究述评与展望》，《湖北经济学院学报》2010年第5期。

李国柱：《外商直接投资与环境污染的因果关系检验》，《国际贸易问题》2007年第6期。

李海龙：《国外生态城市经验借鉴》，《福建理论学习》2017年第5期。

李惠茹：《外商直接投资的生态环境效应问题研究及评述》，《世界经济与政治论坛》2007年第5期。

李鸣骥：《西北干旱区内陆河流域城镇化过程与区域生态环境响应关系研究——以黑河流域张掖市为例》，博士学位论文，西北师范大学，2007年。

李苒：《区域生态环境与经济协调发展研究》，硕士学位论文，西北大学，2006年。

李松霞：《西北干旱区城市化与生态环境协调发展比较研究》，《淮阴工学院学报》2017年第3期。

李润珍、温小亮：《"丝绸之路经济带"建设中我国西北地区的生态保护探析》，《山西高等学校社会科学学报》2016年第5期。

李彦、刘海燕：《印度、巴西关于可持续及宜居城市的比较研究》，《中国经贸导刊》2014年第15期。

李勇、王金南：《经济与环境协调发展综合指标与实证分析》，《环境科学研究》2006年第2期。

梁丽：《我国开征环境税：源起、机理与模式》，《财经问题研究》2010年第9期。

林伯强、孙传旺：《如何在保障中国经济增长前提下完成碳减排目标》，《中国社会科学》2011年第1期。

林文武：《浙江块状经济与城市化协调发展的制度创新研究》，硕士学位论文，浙江工业大学，2008年。

刘成军：《试论城镇化进程中政府履行生态责任的现实意义》，《理论与现代化》2017年第2期。

刘传玉：《甘肃省城市化与区域经济协同发展研究》，硕士学位论文，西北师范大学，2005年。

刘鸿铭、赵雪莱、韩维峥：《国外寒地生态城市建设实践》，《城乡建设》2019年第17期。

刘世锦、张永生：《全球温室气体减排：理论框架和解决方案》，《经济研究》2009年第3期。

刘伟明、唐东波：《环境规制、技术效率和全要素生产率增长》，

《产业经济研究》2012年第5期。

刘文泉、王馥棠：《黄土高原地区农业生产对气候变化的脆弱性分析》，《南京气象学院学报》2002年第5期。

刘彦随：《中国城镇化与农业农村发展论》，科学出版社2020年版。

刘耀彬、陈斐：《中国城市化进程中的资源消耗"尾效"分析》，《中国工业经济》2007年第11期。

刘耀彬、陈斐、李仁东：《区域城市化与生态环境耦合发展模拟及调控策略——以江苏省为例》，《地理研究》2007年第1期。

刘耀彬、李仁东、宋学锋：《中国城市化与生态环境耦合度分析》，《自然资源学报》2005年第1期。

刘耀彬、刘莹、胡观敏：《资源环境约束下的城市化水平的一般均衡分析模型与实证检验》，《财贸研究》2011年第5期。

刘耀彬、宋学锋：《区域城市化与生态环境耦合性分析——以江苏省为例》，《中国矿业大学学报》2006年第2期。

刘渝琳、温怀德：《经济增长下的FDI、环境污染损失与人力资本》，《世界经济研究》2007年第11期。

刘育红：《"新丝绸之路"经济带交通基础设施投资与经济增长的动态关系分析》，《统计与信息论坛》2012年第10期。

陆旸：《中国的绿色政策与就业：存在双重红利吗?》，《经济研究》2011年第7期。

吕成：《山东省城市化与生态环境协调发展研究》，硕士学位论文，山东师范大学，2010年。

马交国、杨永春：《国外生态城市建设实践及其对中国的启示》，《国外城市规划》2006年第2期。

马世骏、王如松：《社会-经济-自然复合生态系统》，《生态学报》1984年第1期。

满强：《长春市城市化与生态环境协调发展研究》，硕士学位论文，东北师范大学，2007年。

毛帜：《森林生态效益补偿制度比较研究》，《法制博览》2020年第34期。

欧阳慧、李智：《适应未来发展需要的城镇化战略研究》，《宏观经济研究》2021年第7期。

潘孝军：《中国东西部地区城市化比较研究》，硕士学位论文，陕西师范大学，2006年。

潘英姿、高吉喜、何萍、聂忆黄、李岱青：《我国中东部水生态环境评价与对策研究》，《环境科学研究》2005年第3期。

亓坤：《生态补偿看巴西》，《新理财》（政府理财）2011年第6期。

乔标、方创琳、黄金川：《干旱区城市化与生态环境交互耦合的规律性及其验证》，《生态学报》2006年第7期。

乔标、方创琳：《城市化与生态环境协调发展的动态耦合模型及其在干旱区的应用》，《生态学报》2005年第11期。

秦子晗、唐斌：《基于GIS的生态环境评价》，《长春师范学院学报》2006年第10期。

曲格平：《发展循环经济是21世纪的大趋势》，《中国环保产业》2001年第1期增刊。

任倩：《河西走廊经济区产业结构研究》，硕士学位论文，西北师范大学，2008年。

沙永杰、纪雁、陈婉婷：《新加坡公共交通规划与管理》，《国际城市规划》2021年第1期。

邵青贤：《我国FDI区位选择影响因素空间计量研究》，硕士学位论文，西南大学，2014年。

沈满洪：《浙江省现代化进程中生态环境建设的分析比较及对策思考》，《浙江学刊》2000年第2期。

石贵琴、唐志强、郭玉梅：《基于熵权法的张掖市生态城市建设评价》，《河西学院学报》2014年第5期。

舒尔茨（著）：《改造传统农业》梁小民（译），商务印书馆2019年版。

司林波、李雪婷：《新加坡的生态问责制》，《东南亚纵横》2017年第4期。

宋建波、武春友：《城市化与生态环境协调发展评价研究——以长江三角洲城市群为例》，《中国软科学》2010年第2期。

宋学锋、刘耀彬：《基于SD的江苏省城市化与生态环境耦合发展情景分析》，《系统工程理论与实践》2006年第3期。

孙启梦：《新型城镇化质量评价体系研究》，硕士学位论文，南京财经大学，2017年。

覃成林、郑云峰、张华：《我国区域经济协调发展的趋势及特征分析》，《经济地理》2013年第1期。

汤腊梅：《我国制造业FDI、环境污染与环境规制关系的实证研究》，硕士学位论文，湖南大学，2010年。

唐志强、秦娜：《张掖市新型城镇化与生态安全耦合协调发展研究》，《干旱区地理》2020年第3期。

唐志强：《水资源约束下西北干旱区生态环境与城市化的响应关系研究——以张掖市为例》，《干旱区地理》2014年第3期。

唐志强：《丝绸之路经济带国内段城市化与生态环境协调发展研究》，博士学位论文，西北大学，2015年。

陶佩君：《农村发展概论》，中国农业出版社2010年版。

田雨婷、郑婷、唐科佳：《绿色生态型城市规划设计思路分析》，《城市住宅》2020年第10期。

童潇：《新型城镇化背景下的"镇管社区"模式实践及其优化——面向城乡人口流动的大型居住区社会管理创新》，《兰州学刊》2012年第12期。

涂正革：《资源与工业化的协调发展》，《经济研究》2002年第2期。

王辉，郭玲玲，宋丽：《辽宁省14市经济与环境协调度定量研究》，《地理科学进展》2010年第4期。

汪丽、李九全：《新型城镇化背景下的西北省会城市化质量评价及其动力机制》，《经济地理》2014年第12期。

汪小平：《北碚区土地利用变化及其生态服务价值响应》，硕士学位论文，西南大学，2010年。

王丹丹、晓兰：《浅析国外生态城市的建设模式及对我国的启示》，《赤峰学院学报》（自然科学版）2015年第20期。

王凡、曹方：《西北五省产业走廊创新发展的新理念、新使命、新场景》，《科技中国》2020年第7期。

王根绪、钱鞠、程国栋：《区域生态环境评价（REA）的方法与应用——以黑河流域为例》，《兰州大学学报》2001年第2期。

王谷成：《产业集聚与广西城市化发展研究》，硕士学位论文，广西大学，2004年。

王静、张继贤、何挺、李海涛：《基于3S技术的耕地退化监测与评价技术方法探讨》，《测绘科学》2002年第4期。

王金叶、程道品、胡新添、李铭：《广西生态环境评价指标体系及模糊评价》，《西北林学院学报》2006年第4期。

王孟本：《"生态环境"概念的起源与内涵》，《生态学报》2003年第9期。

王如松：《现代化的挑战——中国大陆都市发展的人类生态过程及对策分析》，《城市发展研究》1994年第1期。

王少剑、方创琳、王洋：《京津冀地区城市化与生态环境交互耦合关系定量测度》，《生态学报》2015年第7期。

王小鲁：《中国经济增长的可持续性与制度变革》，《经济研究》2000年第7期。

王新杰、薛东前：《西安市城市化与生态环境协调发展模式演化分析》，《自然资源学报》2009年第8期。

王彦君、郝彩云：《基于熵值法的区级新型城镇化评价指标体系研究》，《科技和产业》2017年第9期。

王玉庆：《生态文明——人与自然和谐之道》，北京大学学报（哲学社会科学版）2010年第1期。

王长建、张小雷、杜宏茹、汪菲、张新林、倪天麒：《城市化与生态环境的动态计量分析——以新疆乌鲁木齐市为例》，《干旱区地理》2014年第3期。

王兆锋，张镱锂，孙威，赵东升，刘林山：《县域经济与环境协调发展分析方法——以西藏自治区为例》，《地理科学进展》，2010年第7期。

魏民：《基于生态环境质量评价的河南省环境库兹涅茨曲线研究》，福建师范大学，2019年。

吴传钧：《国土开发整治区划和生产布局》，《经济地理》1984年第4期。

吴丰华、白永秀：《以丝绸之路经济带促动西部发展：现实基础、重大意义、战略举措》，《人文杂志》2015年第12期。

吴开亚、李如忠、陈晓剑：《区域生态环境评价的灰色关联投影模型》，《长江流域资源与环境》2003年第5期。

吴玉鸣、田斌：《省域环境库兹涅茨曲线的扩展及其决定因素——空间计量经济学模型实证》，《地理研究》2012年第4期。

谢继忠：《河西走廊的水资源问题与节水对策》，《中国沙漠》2004年第24期。

谢莉芳：《城市化与生态环境协调发展的研究——以萍乡市为例》，硕士学位论文，南昌大学，2008年。

徐杰、张盛、檀庆海、杨耀：《呼和浩特市玉泉区生态环境评价及其生态功能区划》，《内蒙古师范大学学报》（自然科学汉文版）2006年第3期。

徐藜丹、邓祥征、姜群鸥、马丰魁：《中国县域多维贫困与相对贫困识别及扶贫路径研究》，《地理学报》2021年第6期。

徐萍：《基于灰色预测的哈尔滨市城市化危机研究》，硕士学位论文，哈尔滨工程大学，2007年。

许冬兰、董博：《环境规制对技术效率和生产力损失的影响分析》，《中国人口·资源与环境》2009年第6期。

杨培峰、陈惠斐：《当前国外生态城市建设实践概述》，《动感》（生态城市与绿色建筑）2012年第4期。

杨小梦、李积勋：《深圳南山区人口对环境的压力及舒缓对策》，《地域研究与开发》2003年第5期。

杨琰瑛、郑善文、逯非：《国内外生态城市规划建设比较研究》，《生态学报》2018年第22期。

杨正航、杨新苗、岳锦涛：《从"城市之星"模式到"城市风轮"体系：基于绿色交通导向的城市交通发展模式研究》，《北京规划建设》2020年第4期。

玉山江·买买提，安瓦尔·买买提明，亚库普·约麦尔：《新疆产业结构演进对城市化的动态影响研究》，《中国农学通报》2016年第11期。

于世梁、廖清成：《借鉴国外经验推动生态城市建设》，《中国井冈山干部学院学报》2018年第1期。

张成、陆旸、郭路、于同申：《环境规制强度和生产技术进步》，《经济研究》2011年第2期。

张成、朱乾龙、同申：《环境污染和经济增长的关系》，《统计研究》2011年第1期。

张合林、申政永：《乡村振兴与新型城镇化耦合协调发展研究》，《区域经济评论》2021年第4期。

张培刚：《发展经济学》，北京大学出版社2009年版。

张荣天、焦华富：《中国省际城镇化与生态环境的耦合协调与优化探讨》，《干旱区资源与环境》2015年第7期。

张瑞才：《学习和阐释习近平生态文明思想的八个向度》，《思想战线》2021 年第 4 期。

张文彬、张理芃、张可云：《中国环境规制强度省际竞争形态及其演变——基于两区制空间 Durbin 固定效应模型的分析》，《管理世界》2010 年第 12 期。

张曦：《国外城市生态化发展案例对我国的启示》，《人力资源管理》2014 年第 9 期。

张友国：《经济发展方式变化对中国碳排放强度的影响》，《经济研究》2010 年第 4 期。

张征宇、朱平芳：《地方环境支出的实证研究》，《经济研究》2010 年第 5 期。

赵宏林、陈东辉：《城市化与生态环境之关联耦合性分析——以上海市青浦区为例》，《中国人口·资源与环境》2008 年第 6 期。

赵雪雁、张志良：《创新与河西走廊农村经济可持续发展》，《中国沙漠》2002 年第 2 期。

郑小晴：《建设项目可持续性及其评价研究》，博士学位论文，重庆大学，2005 年。

钟泓、李生明、粟维斌：《城市生态环境评价研究——以广西南宁、柳州、桂林市为例》，《大众科技》2009 年第 1 期。

周震峰：《基于 MFA 的区域物质代谢研究》，博士学位论文，中国海洋大学，2006 年。

周震峰：《基于 MFA 的区域物质代谢研究》，博士学位论文，中国海洋大学，2006 年。

朱平芳、张征宇、姜国麟：《FDI 与环境规制：基于地方分权视角的实证研究》，《经济研究》2011 年第 6 期。

孜比布拉·司马义、苏力叶·木沙江、帕夏古·阿不来提：《阿克苏市城市化与生态环境综合水平协调度评析》，《地理研究》2011 年第 3 期。

A. Cherp, Environmental assessment in countries in transition: Evolution in a changing context, Journal of Environmental Management, 2001, 62.

Arild Vatn, An institutional analysis of methods for environmental appraisal, Ecological Economics, 2009, 68.

Bjoern Von Randow:《德国生态城市规划与政策措施支持》,《北京规划建设》2009 年第 6 期.

Bouwe R. Dijkstra Anuj J. Mathew &Anjit Mukherjee, Environment regulation: An incentive for foreign direct investment, NBERWorking Paper, 2006.

Dean JM, LovelyM E., Wang H.: Are Foreign Investors Attracted to Weak Enviromental Regulations? Evaluating the Evidence from China, Journal of Development Economics, 2009, 1.

Donella Meadows, Limits to Growth, USA. Commercial Press. 1972.

D. W. Pearce and R. Kerry Turner, Economics of Natural Resources and the Environment, Baltimore, Johns Hopkins University Press, 1989.

E. Howard, TO – MORROW A PEACEFUL PATH TO REAL REFORM, 中国建筑工业出版社, 1898 年版.

Geddes, Cities In Evolution, China Construction Industry Press, 2012.

Geddes P., Cities in evolution: an introduction to the town planning movement and to the study of civics, The Geographical Journal, 1915, 3.

George T., Brazil Outsourcing, Curitiba Comes On Strong as 'Silicon Valley South' Latin America Outsourcing, News &Analysis.

Goldsmith:《生存的蓝图》,《中国环境科学出版社》, 1987 年版.

Grossman, G. M. and Krueger, A. B., Economic Growth and the Environment, Quarterly Journal of Economics, 1995, 2.

Haughton G, et al, Sustainable Cities. London, Jessica Kingsley Publishers, 1996.

Havens: Does FDI Influence Environmental Regulations, Scandinavian

Journal of Economics, 2006, 1.

JoséA. Gómez-Limón a, Gabriela Sanchez-Fernandez, Empirical evaluation of agricultural sustainability using composite indicators, Ecological Economics, 2010, 69.

Leslie Richardson, John Loomis, The total economic value of threatened, endangered and rare species: An updated meta-analysis, Ecological Economics, 2009, 68.

List and Cole M A, Elliott R J R, Fredriksson, P. G., Endogenous Pollution, 2000.

Marco Trevisan, Nonpoint-Sou rce Agricultural HazardIndex: A Case-Study of the Provin nce of Cremona, Environmental Management, 2000, 5.

Olli Varis and Sylvie Fraboulet Jussila, Water Resources Development in the Lower Senegal River Basin, Conflicting Interests, Environmental Concerns and Policy Options, International Journal of Water Resources Development, 2002, 2.

Olli Varis and Sylvie Fraboulet Jussila, Water Resources Development in the Lower Senegal River Basin, Conflicting Interests, Environmental Concerns and Policy Options, International Journal of Water Resources Development, 2002, 21.

Rachel Carson, Silent spring, Shanghai Translation Publishing House, 1962.

Selden, T. and Song, D. Environmental Quality and Development, Is There a Kuznets Curve for Air Pollution Emissions? Journal of Environmental Economics and Management, 1994, 27.

U. M. Mortberg, B. Balfors, W. C. Knol, Landscape ecological assessment: A tool for integrating biodiversity issues in strategic environmental assessment and planning, Journal of Environmental Management, 2007, 82.

Vernon Henderson, The Urbanization Process and Economic Growth, The So-What Question, Journal of Economic Growth, 2003, 1.

Yasuhiro Sato and Kazuhiro Yamamoto, Population concentration, urbanization and demographic transition, Journal of Urban Economics, 2005, 1.

后　记

本书是集体研究的成果，历经多年，前后数易其稿。在下达任务之初，就要求课题组成员要充分搜集资料，恪守学术道德和学术规范，独立完成研究。鼓励作者在深入研究的基础上独立发表自己的新成果和新观点，故对各章节不限篇幅。在历次审稿和最后定稿时，只要书稿内容上下连贯、体例基本一致，一般都尊重原稿，不改变作者的观点；加之课题组成员曾有变化，为体现文责自负的原则，在署名时作了相应的调整。

各章节撰稿人（按章节先后排序）如下：

唐志强　摘要，第一章至第四章。

王艳华　第五章至第七章。

曹　瑾　第八章至第九章。

唐志强　小结。

唐志强完成了全书的统稿工作。

本书是国家社科基金项目"西北干旱区新型城镇化与生态安全耦合规律及协调发展研究"（项目编号：17BJL050）的最终成果，也得到了河西学院"河西走廊智库""复旦-甘肃丝绸之路经济带协同发展研究院"和"河西走廊生态经济研究中心"的大力支持。承蒙各位匿名评审专家提出宝贵的意见和建议，使本书减少了很多错误；河西学院杨珽老师、石贵琴老师、张景老师、贾伶老师参与了本书大量的编校工作；中国社会科学出版社宋燕鹏先生为本书的出版付出了辛勤的劳动。在此谨对本课题研究和本书写作过程中给予帮助和支持的各位师友表示衷心的感谢！